經營顧問叢書 ⑷

U0034462

時間管理手冊

劉翔飛　編著

憲業企管顧問有限公司　　發行

《時間管理手冊》
序　言

　　為了在更短的時間內輕鬆完成更多的事情，你該如何做呢？

　　這本書並不是一本讓你變成一台生產機器的時間管理的書籍；這本書是針對部門主管、經理、經營者而撰寫，介紹如何在更短的時間輕鬆做完更多的事情。

　　「時間就是金錢」，這句話大家都很熟悉，但真正去理解、重視它的含義的人並不多，而有技巧去實行，更少了！常常將自己寶貴的時間浪費在毫無意義的事情之上。

　　如果你想要獲得成功，就要學會認識時間，珍惜時間，有效利用時間。

　　一個聰明的想要在事業上有所成就的人，他懂得如何駕馭時間，會把主要精力集中在可以獲得最大回報的事情上，而不將時間花費在對成功無益或有很少益處的事情上。他會為自己去做最主要的事留下充足的時間和最多的精力。他知道分清事情的主次，懂得

哪些是需要花費功夫一步步做好的，哪些是根本不需要做的，哪些事關照一下就行，哪些事乾脆放棄……如果你做不到這些的話，那麼你就很難實現你自己的抱負。

如果你去做不值得去做的事情，就會消耗了自己做有價值的事情的時間，這對生命其實是一種浪費。做大量不值得做的事，也會讓自己錯誤地感覺完成了某件十分重要的、有意義的事，從而錯誤地心安理得，沾沾自喜。而且，做不值得做的事，這些沒有意義的事情便會生生不息，那麼，你也就沒時間去做真正值得做的事情了。

當你打開這本書的時候，你要審視自己的時間管理，自己到底是時間的「主人」，還是時間的「奴隸」？祝福你是一個管理時間和生活的高手，讓每一天都過得有意義！

2012 年 3 月　臺灣日月潭

《時間管理手冊》

目　錄

第 一 章

瞭解時間的重要價值

1

誰都擁有的唯一資源

「對我這個編輯來說，感覺到最遺憾的一件事，莫過於沒有充足的時間，閱讀報紙、雜誌以及單行本。結果呢？為了爭取時間，只好逐漸的提早起床的時間，夜晚則越睡越遲。屈指算來，在二、三年後，我的睡眠時間就會完全報銷。」

這是家雜誌社編輯的話，如此的長籲短歎。如果你以為他是雜誌總編輯才會如此的話，那你就大錯特錯了！幾乎所有的企業界人

士、專家、科學家、技師、經濟學者、管理者、醫生、律師、教師等，都受到非讀不可的資料「洪水」所衝擊，以致不知何去何從，上述的長籲短歎，可說是典型的訴苦。

事實上，還不止如此呢！

「唉！我一整天到底在幹什麼呢？想要做的事太多太多啦！我打算去拜訪幾位朋友……想把擬訂好的計劃付諸實現……更想閱讀自己喜歡的書……誰知沒有一件事做得完善，一天就匆匆過去了……」

這是企業界主管的內心話，如此發牢騷的人蠻多呢！多數的人想做這件事，又想那件事非完成不可，以致，被緊張感及壓迫感所困擾，大歎時間不敷使用。

對我們來說，所謂的「時間」也者，隨著時代的進展，日益顯示出其重要性。正因為時間是非常貴重的東西，神為了使我們不至於浪費它，每次少量地賜給我們。時間並不像金錢以及原料，可以預先蓄積。不管你喜歡或者不喜歡，每分鐘都會給你六十秒的時間消費。

時間並不像機械一般，可以任意的開關，更不能像貨品一樣的更換。神把時間給你時，你只能立刻的把它消費。也就是說，你只能消費今天，這個時間，這個瞬間的──現在。

如果把「今天」浪費掉的話，它就會永遠的消失。你必須牢記所謂的「今天」者，乃是「昨天」你計劃做很多事的「明天」。你更要記住貴重的「今天」，轉眼又會變成逝去的煙雲。「昨天」好比兌現過的支票，「明天」則為期票，只有「今天」才是現款──也就是

說，只有今天具有流通性。

當你感到能把握者，只有今天時，方能體會到「今天」的重要性。

在眾多被時間所追趕，不能獲得生活滿足感與充實感的人生當中，有些最為忙碌的人，不僅能夠妥善的做完自己分內的工作，甚至仍有多餘的時間，為別人盡心盡力，並且享受自己的餘暇。這種「綽綽有餘」的秘訣，究竟在那兒呢？

前者與後者所擁有的時間量相同。何以有「忙無寸暇」與「綽綽有餘」的差別呢？時間本身絕對沒有問題，問題在於我們自己的身上。

經營學者彼德·朵拉卡如此的說「時間是唯一貧乏的資源，如果它沒有妥善的被管理的話，其他的事更不可能妥善的被管理。」這一句「時間的管理」，如非慎重的被利用，將會鑄成大錯。嚴格說來，人類是不可能管理時間的。因為，鐘錶之針並非在我們管理之下移動。不管我們勤奮，或者吊兒郎當，時間都以相同的速度消逝。是故，所謂的時間管理也者，並非指管理時間，而是透過時間管理我們自己。

「現代人可能受到鐘錶時間的拘束，而忘懷了具有伸縮性的生活時間。」

某一位哲學家針對現代人的時間使用法，表示出他的疑問，我們除了鐘錶的時間以外，還有所謂「生活的時間」。

當我們做著自己喜歡的事情，或者在玩樂時，總覺得時間在一剎那就過去，一旦逢到受苦受難，或者感到不痛快時，老覺得時間

過得慢吞吞。物理性的時間沒有伸縮性，可是，生活的時間卻富於伸縮性。

同時，每一個人都有所謂不同的生理時間，以及心理時間。在孩童時代，總感覺到一天很漫長，隨著年華的增長，每天都感覺到很短暫，預定的工作往往做不到一半，太陽就墜入地平線了。兩者之間的差別，就在安閒以及辛勞之間，也在於人生不同時期所產生的心理及生理上時間感覺的不同。除此以外，像悠然自得的人，急躁的人，其心理時間就有很大的不同。根據生理及心理的時間，鐘錶的時間可長，也可短。

同時，並有所謂生活步調變化的問題。像電影就明顯的表現出生活步調的不同。當我們偶然在電視上看到往昔的影片時，就會對那種慢吞吞的生活步調，感到急躁難耐，不過，那種影片剛拍好的時代，其步調非常適合於當時觀眾的心理。

這一件事，不僅表示每個時代的生活步調不同，更在提醒我們，隨著時代的進步，生活的步調會越來越快速，為了在現代生活得有聲有色，生活步調非配合時代不可。

就算同樣要度過物理性的二十四個小時，我們必須使時間有所變化，以便使我們有彈性的活下去，計劃寬裕的生活，配合時代的步調，很有能率的過生活，這些都是現代人不可或缺的生活之智慧。

為了達到這些目的，我們必須活用唯一的資源——「時間」。

2

算算你的時間價值

　　如果每天都有 86400 元進入你的銀行戶頭，而你必須當天用光，你會如何運用這筆錢？天下真有這樣的好事嗎？是的，你真的有這樣一個戶頭，那就是「時間」。每天每一個人都會有新的 86400 秒進賬。那麼面對這樣一筆財富，你打算怎樣利用它們呢？

　　深夜，危重病人迎來了他生命中的最後一分鐘，死神如期來到了他的面前。

　　病人：再給我一分鐘好嗎？

　　死神：你要這一分鐘幹什麼？

　　病人：我想要用這一分鐘看看天，看看地；想想我的家人和朋友，運氣好的話，說不定我還能看到一朵花開放的過程……

　　死神：你的想法很好，可惜我不能答應你。在你的一生中，有無數的時間來做這些事，可你從來沒有珍惜，我要讓你看一份帳單：

　　在你 60 年的生命裏，你有三分之一多的時間在睡覺，在剩下的 30 多年裏，你經常拖延時間，每天你都要歎息時間太慢，一共有 1 次，包括少年時在課堂上、青年時和朋友約會時以及

在和朋友打電話時，甚至在為瑣事而大發脾氣時。具體的明細是：因為做事拖延，從青年到老年，耗去 36500 小時，折合 1520 天；做事有頭無尾，馬馬虎虎，越過牆頭看漂亮姑娘，經常埋怨指責別人，推卸責任，利用工作時間和同事侃大山。你還參加了無數次無所用心，懶散昏睡的會，使你的睡眠遠遠超標，你又組織了許多類似的會，讓很多人也和你一樣睡眠超標，還有……

這時，病人倒地死去了。

死神：真可惜，為什麼世人都聽不完我的話，就後悔地死了呢！

時間是怎麼浪費的？為什麼很多人終日勞碌奔波卻回報甚微？在忙忙碌碌中，你是否發現：實際上大部份人都陷入時間浪費的陷阱，不論工商之士、學生或家庭主婦，平均一天要浪費清醒時間 16 小時的 1/4，也有人浪費了清醒時間的 50%，甚至高達 90%！仔細想想，有內部原因，也有外部原因。

1. 內部

缺乏計劃、沒有目標、經常拖延、抓不住重點、事必躬親、有頭無尾、一心多用、缺乏條理與整潔、找東西、簡單的事情複雜化、懶惰、浪費別人時間、不會拒絕請求、盲目行動、不懂授權、盲目承諾、越權指揮、救火、完美主義都會是你的時間陷阱。

2. 外部

有人可以改變自己的時間習慣，也要看到來自外部的時間陷阱。上級領導會「浪費」你的時間，無休止的開會、漫長的電話、

官僚作風、死板的制度、信息不共用、目標不明確正在不斷浪費你的時間。工作系統也在「浪費」你的時間，垃圾短信、慕名來訪、官樣文章、員工離職、小道消息、人手不足、訓練不夠。生活條件還在「浪費」你的時間，通信、環境、交通擁堵、朋友閒聊、家住郊區都會是可能的原因。

　　針對下表每一項內容自我檢視，凡做到的打「√」，然後計算一下做到事項佔總事項的百分比。一月後再做一次，然後又做一次，就能看出時間管理的進步所在。

序號	內　容	現在	1年後
1	你是否熱愛你所做的工作，並始終保持積極的心態？		
2	你是否用書面的形式制訂了一套明確的遠期、中期、近期目標與計劃？		
3	在一天工作開始前你是否已編好了當天的工作次序，擬定「每日工作計劃」		
4	你是否把每天要辦的事按輕重緩急列出單子，並儘量把重要的事早點辦？		
5	你是否把工作注意力集中在目標上而不是集中在過程上？		
6	你是否以工作成績和效果而不以工作量作為自我考核的依據？		
7	你是否銘記時間的貨幣價值？		
8	你今天為實現人生的遠期、中期、近期計劃做過什麼工作？		
9	你是否每天都留出計劃和思考問題的時間？		
10	你是否合理利用上下班途中時間？		

11	你是否注意午飯的食量，以避免下午打瞌睡？		
12	你是否給自己留出足夠的時間，突擊處理危機和意外事件？		
13	你是否將挑戰性工作和例外性工作都授權他人處理？		
14	對於你的下級，你是否根據「權責一致」？		
15	你是否阻止你的下級對他們認為棘手的工作「倒授權」？		
16	你是否養成條理整潔的習慣？		
17	你是否採取了某些措施以減少無用資料和刊物佔有你的辦公桌？		
18	你是否養成凡事馬上行動，立即就做的習慣？		
19	你是否強迫自己迅速作出決策？		
20	你是否經常給自己和別人規定工作期限要求？		
21	你是否盡可能早地中止那些毫無收益的活動？		
22	當你面臨需要解決的問題時，你是否運用「80/20法則」處理？		
23	你是否儘量對每一種工作只做一次處理？		
24	你是否騰出一部份時間為下級提供訓練？		
25	你是否擅於應用節約時間的工具？		
26	當你召開會議前是否考慮了取代該會議的各種途徑？		
27	開會時你是否設法提高會議效率與效果？		
28	為了更好地管理自己的時間，你是否經常（或定期）進行時間統計？		
29	你是否定期檢查自己的時間支配方式，以確定有無各種時間浪費的原因？		
30	你是否將重要的工作安排在你工作效能最佳的時間做？		

3

把時間握在自己的手裏

時間對每一個人都是非常寶貴的，離開時間，人就無法生存。

歷史上，凡是立志幹一番事業的人，沒有一個是不珍惜自己的時間的。因為節省時間，就等於延長了可以創造價值的生命。正如有的科學家所說：「誰想獲得巨大的成就，他就應該最最珍惜和細心安排自己的時間。自然科學的奧秘隨時都在吸引著每一個有志於科學的人，誰都想走在時間的前面，有所發現，因此，搞科學實驗爭取時間是很重要的。」

對自己的時間不珍惜的人，往往是生活態度不嚴肅的人。如有的職員，上班時間不把心用在思考問題、處理公務上，而是閒聊、吹牛打發日子。正因為他們不珍惜自己的時間，所以，往往對別人的時間也不珍惜。無端地浪費別人的時間，等於謀財害命。

追求人生的成功，首先是珍惜時間，要有緊迫感。那種對自己的時間、對別人的時間不知珍惜的人，是不會有所成就的，最終會落到一事無成的地步。

時間，對每一個人來說，擁有的都同樣多，關鍵是怎樣利用。首先要提高認識，養成充分利用時間的習慣。俗話說：「習慣成自

然」。不愛惜時間的人，對時間總是大手大腳，滿不在乎。而愛惜時間成為習慣的人，則能抓住點滴時間，投入學習和工作。他們心裏想的是爭分奪秒，為自己的成功添磚加瓦，積少成多，打好基礎。達爾文在與疾病作鬥爭時，抓緊時間寫成了《物種起源》。當有人問達爾文，你身體有病怎麼還做了那麼多事情呢？達爾文回答說：「我從來不認為半小時是微不足道的一小段時間。」正是這種惜時如金的好習慣，使他們成就了超乎尋常的事業。

　　為了追求人生的成功，要充分認識時間的價值，好好利用時間，就一定能收到良好的結果。

心得欄
_____
_____
_____
_____
_____
_____

4

讓自己每天比別人多一小時

「時間猶如海綿裏的水，只要你擠，總是有的。」要想多擠出時間，首先必須明瞭時間是怎樣被耗費的。而要想知道時間的耗費情況，又必須先記錄時間。不妨養成勤於記錄時間消耗的習慣。具體的辦法是在做完一件事之後，立即記錄下所耗費的時間，每天一小結，連續記一週、兩週或一個月，然後進行一次總體分析，看看自己的時間究竟用到什麼地方，從中找出浪費時間的原因。科學家研究證明，凡是這樣做的人，對於節省時間、提高工作效率，收效甚大。在日常工作中人們往往把「應該」花費的時間，看成是實際已經花費的時間，而這兩者往往是不相等的兩個量。如果有人問一位董事長：「您今天上午做了什麼，花了多少時間？」他說：「起草報告花了 4 小時。」其實，在這 4 小時中，他喝茶，抽煙花費了 18 分鐘，中途休息了兩次，花費了 23 分鐘，與同事聊天，花費了 27 分鐘，接 3 次電話，花費了 5 分鐘，這樣總共花費了 73 分鐘，實際上真正用於起草報告的時間只有 2 小時 47 分鐘。可見浪費時間是多麼驚人。由此可見，進行時間消耗記錄，對時間使用進行統計分析，對於每個人提高時間利用率，是一件多麼必要的工作。

　　昆蟲學家柳比歇夫的時間統計方法值得你去學習。

　　柳比歇夫的一生，貢獻赫赫，碩果累累，他發表了 70 多部學術著作，寫了 1.25 萬張打字稿的論文的專著，內容涉及遺傳學、科學史、昆蟲學、植物保護、哲學等廣泛的領域。在這些成就中，有相當一部份要歸功於他那枯燥乏味的日記本——「時間統計冊」。柳比歇夫每天的各項活動，包括休息、讀報、寫信、看戲、散步等等，支出了多少時間，全部歷歷在案。連有人找他問話，他解釋問題，也都在紙上做記號，記住花了多少時間。每寫一篇文章，看一本書，寫一封信，不管幹什麼，每道工序的時間都算得清清楚楚，內容之細令人驚訝。例如，在 1964 年 4 月 8 日這一天，他這樣記錄道：

　　「烏裏揚諾夫斯克。1964 年 4 月 8 日。分類昆蟲學：鑑定袋蛾，結束——2 小時 20 分。開始寫袋蛾報告——1 小時 50 分。」

　　「附加工作：給達維陀娃和布裏亞赫爾寫信，6 頁——3 小時 20 分。」

　　「路途往返——35 分。」

　　「休息——剃鬍子。《烏裏揚諾夫斯克真理報》——15 分；《消息報》——10 分；《文學報》——20 分；托爾斯泰的《吸血鬼》66 頁——1 小時 30 分。聽裏姆斯基-柯薩科夫的《沙皇的未婚妻》……」

　　「基本工作合計——6 小時 45 分。」

　　柳比歇夫從 1916 年元旦開始作時間統計。他每天核算自己花費的時間，一天一小結，每月一大結，年終一總結，直到 1972 年他去世那一天，56 年如一日，從未少過一天。他每天記下各種事情的起訖時間，相當準確，誤差不超過 5 分鐘。所有毛時間都被扣除，

他注意每天純時間的數量。他介紹說：「工作中的任何間歇，我都要刨除。我計算的是純時間，純時間要比毛時間少得多。所謂純時間，就是你花在這項工作上的時間。」經過準確的時間統計，柳比歇夫把一晝夜中的有效時間即純時間算成 10 小時，分成 3 個「單位」，或 6 個「半單位」。分別從事兩類工作。第一類是創造性的科研工作，如寫書、研究、做筆記等；第二類是不屬於直接科研工作的其他活動，如作學術報告、講課、開學術討論會、看文藝作品等。除了最富於創造性的第一類工作不限死時間以外，所有計算過的工作量，都竭力按時完成。1966 年，他已經 76 歲了，用來處理第一類工作的時間，平均每天為 5 小時 13 分。他天天如此 5 小時內絕沒有歇會兒抽支煙的工夫，沒有聊天談話，沒有溜達散步，也沒有聽別人的談笑風生。這是真正不打折扣的 5 小時！

要寫一本書實在是件大事情。但目前工薪階層的人，一邊上班、一邊寫小說的人卻愈來愈多。他們因對工作不敢偷懶，所以寫小說的時間實在很少，因此他們都利用上班前 5 分鐘來寫小說，這樣慢慢寫下去，不久就可以完成一本書，像這種 5 分鐘的累積是很重要的。存錢也一樣，想一下子就存大錢，容易有挫折感。應該每天存一點點，10 元、20 元也好，慢慢存下去，不久後就會變成一筆可觀的錢了。

只要能夠養成珍惜每一刻而去努力的習慣，每天比別人多擠出一小時來，這樣累積下去，就會產生出好的結果來。

5

時間價值的衡量法

1. 被累積的時間片斷

　　沒有一個人不知道時間的重要性。不過，有一件事往往被忽略掉，而大家又渾然不自知。那就是：經常被浪費掉的時間片斷，如果一天，一週，一個月，一年，一生地累積下來的話，其數量將非常的驚人。就算同樣是時間，在一天不同的時刻裏，其價值也不盡相同。例如上午的一小時跟下午的一小時，就有某種程度的不同，或者，對某工作全神貫注一個小時，能夠節省以後的數個小時：不同的時間，本來就具有不同的價值。

　　現在，我們就來談談所謂「一分鐘」的時間。除了搭乘飛機或者火車，差一分鐘就搭不到，或者早一分鐘到達，就可看到某某人以外，所謂的「一分鐘」並沒有太大的價值。

　　雖然每天只浪費一分鐘，一年下來就要損失 6 個小時。如果說，這種說法單位太小，不具有太大現實意義的話，那麼，每天有效地使用十分鐘，又將變成如何呢？以一星期工作 5 天，每天工作 8 小時計算，一天 10 分鐘的節約，一整年就可增加一星期零 3 天的勞動時間。以每個人一生工作 50 年計算，只要每天有效地使用 10 分鐘，

即可增加將近一年半的工作時間。

　　2. 每天節省一個小時的話

　　如果更進一步，你每天能騰出一個小時的話，累積下來的時間就更為可觀。關於這件事，只要有心，又肯努力，任憑誰都可以辦到。例如：好好的訂立工作計劃，使用助手，預防工作的中斷，改善閱讀或會議的方式，養成集中力，藉以提高工作效率等等，都可以達成這個目的。

　　如果採用上述的計算方式，你的一生就可多得八年的工作時間。

　　諸如這一類的數目字，只要是有心人，就可以想像得到。自從佛蘭克林說「時間就是金錢」以後，這一句話就時常被引用，這也等於在說「在相同的時間內，你做了多少有意義的事？」時間本身不會特別眷顧某一個人。問題在於——如何有效地利用相同的時間。

　　我們仍舊來談談時間的算數吧！

　　你不妨仔細的想想，你自己的一小時，或甚至一分鐘，具有何種程度的金錢價值。「利歌」千葉分公司的負責人——小田島弘氏在他的著作「企業的十八般武藝」裏，計算出了企業界人士一分鐘的金錢價值。諸如這種的計算，通常以自己的每年所得，利用工作時間相除，然而，小田島的演算法更為精細，更為徹底。以下的例子，乃是小田島氏以每月薪資 16 萬日幣，每年有五個月獎金的企業人士為例，所擬的計算公式。

　　每年收入＝（16 萬×12 個月）×（16 萬×5 個月）=272 萬元（一個月所得約 22 萬元）

一個月的企業貢獻度=22 萬元÷12%=183.3 萬元（12%是薪水在販賣額所佔的範圍）

每一分鐘的價值=183.3 萬元÷（200 小時×60 分）=約 153 萬元（以一個月上班 200 小時計算）

根據這一項計算，這位企業人士在「工作上」的價值是：1 分鐘 153 元，1 小時為 9180 元。

如果是售貨員的話，此種計算方式就更為明顯。例如，某一售貨員每星期使用二十小時跟顧客見面，賣出了約 20 萬元的貨品。那麼，這一位售貨員的販賣時間，等於每一小時有一萬元的價值。如果他在這 20 小時之外，每星期再增加 5 小時販賣時間的話，每週就可能增加五萬元的銷售額。

法蘭克貝多卡的「我如何在販賣外交獲得成功」，號稱為售貨員的聖經。裏面有如下的一節——有一名拉保險的男子，剛開始時成績很不理想。有一天，他用自己那一年的總收入除訪問次數的總和，結果，發現每一次訪問可得五美元四毛。換句話說，不管交易成功，或者在大門就被趕出來，反正，只要按顧客的門鈴一次，就可產生五美元四毛的價值。

領悟這一點以後，拉保險的該男子大徹大悟，更刻苦奮鬥，終於成了美國收入最多的拉保險業務員。他聲稱自己所以會成功，乃是發現了一次訪問的金錢價值。

以下，舉出一個銷售員的例子。

——化妝品首席售貨員的 A 君，一個月最低收入達 60 萬日幣，有一天，保險公司請他去演講，報酬為 1 萬元日幣。保

險公司的人員認為應該請他喝幾杯，特地招待 A 君到一流飯店用餐。不過，這一餐飯吃得太久，A 君開始顯露出坐立不安的模樣，接著，毅然對作東的保險公司人員說「那麼，我失陪了……」而準備離席。保險公司人員，一面想多聽聽 A 君的售貨見解，一面也想藉此消磨時間，以致，如此的對 A 君說「別急嘛！再坐下來喝兩杯……」A 君只好開門見山的如此說「或許，我有一點不識相，如果有得罪之處，請多多包涵。在下一個小時可賺 3000 日幣。今天承蒙眷顧，不僅得了謝禮，又叨擾了一餐，真是感激萬分！可是待了 3 個小時以上的話，我就要「賠」了。並非在下不領情，實在是非去「工作」不可了。那麼，再見……」

真是說得超乎常情的坦白。招待的保險公司人員只有苦笑的份。A 君且如此的附帶一句「你們都是按月拿薪水的上班族。對你們來說，玩樂一個小時，等於賺了一個小時。我卻不一樣，玩樂一個小時，就是損失一個小時賺錢的機會。你們跟我的差別就在這裏。」

不知道自己每一個小時價值的人，根本就不可能正確的利用時間。

第 二 章

你在忙那些工作項目

1

你知道時間是如何花掉的嗎

以人際關係及能率學聞名遐邇的唐納雷多博士在著作中，如此寫道「我們為了把聲音傳到遠處，耗費了很大的精力，為了使汽車增加能率，考慮到特別的裝置，為了增加光的能率，發明了反射鏡，然而，對於增加我們本身的能率方面，卻始終沒有動過腦筋」

現在，有所謂「時間動作研究」的學問。這方面的專家說，由於大多數的人率皆從事非能率的工作，故浪費了 50% 的時間與精力。

多數的發明家，只提高了某種機械 5%到 10%的能率，就為自己賺了一大筆財富，但是，在幫助比機械更為重要的自己這一方面，卻沒有絲毫的作為，這實在是很悲哀的一件事。

如此這般，我們實際所做的事情，以及能做的事情之間，有著很大的差距，也就是說，有改善的餘地，是故，欲在時間的使用法方面，採用改良的新方法的話，必須弄清楚，自己在這以前是如何使用時間。

時間調查表

午前 7：00	起床
7：00～7：15	洗臉
7：15～7：50	一面吃早餐一面看報紙
7：50～8：00	換衣服
8：00～9：00	上班
9：00～9：10	朝會
9：10～9：50	訪問 A 商店（含所需的交通時間）
9：50～10：20	跟 A 商店老闆交談
10：20～10：40	在 A 商店附近的飲茶店休息
10：40～11：00	訪問 B 店（含所需的交通時間）
11：00～11：20	等待面談的時間
11：20～11：40	與 B 店採購經理面談
11：40～12：00	在 B 店附近的書店看新出版的書
12：00～12：40	中餐

為此，必須調查自己使用時間的方式。測知時間使用法的快捷方式是，記錄時間的使用，並加以分析。

1. 卡片式時間調查表

在記錄時間方面，有卡片式以及記錄表兩種基本形式。所謂的卡片式，顧名思義，乃是指利用卡片把發生的事情全部書寫下來，事後把那些卡片收集，依照必要的順序、項目等整理好。卡片的好處在於方便，可以帶著它們到處跑，想記錄時，隨時隨地都可以取出來。

2. 記錄表時間調查表

所謂的記錄表者，就是在一個欄內記入必要的項目，或者把每天大體上的行動，依據各項目記入，以便打上核對的記號，也就是一定形式的用紙。「時間調查表」為前面的形式，「表⑶一則是後面的形式，兩者都是用來分析上班時間的記錄表，不過，也可以多加其他的時間，重新製成這種表格。時間所以區分為十五格，不外是比這個還短的話，記錄起來會過於瑣碎，如果時間太長的話，將太過於粗枝大葉，又不能很正確的緣故。

調查表⑵的三個「時間」的空欄，可以填寫自己獨特的分類，備考欄可利用──①是會議，②是計劃，③為報告書的開寫，④為書類的閱覽一般，預先就把工作內容分類。再把各欄核對的數目（打√記號者）集合，四個就成為一個小時，把它換算為時間非常的容易，可依據工作的內容，簡單的算出消費的全部時間。

調查表⑶預先就明記工作的內容，因此，只要把縱向的「√」記號合計，即可看出該工作所使用的時間。此表⑶的空欄，特別為事先不曾預定，但是已經做好的工作所準備。

選擇時間研究的時期，必須是一年當中，最為典型狀態的時

期，必須避免工作過度集中，以及季節或週期方面有變化的異常時期。

為了分析時，能夠獲得充分的數據起見，最好繼續十二個星期《三個月》，其實，兩個星期也足夠了，假如不方便的話，一個星期也無妨。

不管如何，這種時間調查所需的時間，只要一天中的數分鐘就足夠，是故，只要有心，根本就不成為太大的負擔。

3.時間調查時應注意之點

《為了以最小的勞力獲得最高的正確度起見，應注意以下各點——》

現在就立刻開始。就從今天，這個瞬間開始。如果想等待最適合的時期來臨的話，怕會遲遲無法著手。

有了任何事，立刻做記錄。等到一天的最後幾分鐘，再想書寫當天所發生的事情，恐怕很難做到。

隨時帶著時間調查表。在公司時，放置於桌上，外出時放於口袋裏，隨身攜帶，切勿忘懷。

特別的事情更非記錄不可。如此一來，日常業務所難以看到的、意料外的事情，亦能留存紙上。一旦觀察起來，結果將更為正確。

選擇適合於自己工作的分類法。必須考慮，是否應該把進餐的時間，看報紙的時間，上班所消耗的時間，玩樂等的時間一併記入？或者製作某種特別的項目？關於這些，必須基於你的工作性質，以為分析的目的下決定。

為了使記錄簡單化，不妨使用記號。只要創造出一看就知道內容的記號，記錄就可以簡單化。

在時間內，不管任何小的中斷，都要記錄下來。因為這種中斷，有時會使思考或活動的連續性斷絕，所以，這並非不重要的事情。

為了明瞭你在其間做了什麼事，對於很長的工作時間，必須予以細分化。例如──讀書、寫信，出席會議，打球或聽電話等等，都得逐一的記錄。

⑼研究自己的時間調查表，以便改善自己的工作方式。仔細研究調查表的結果，很可能會體會到自己的錯誤，甚至發現新的事實。例如──

①是否因為出席對工作毫無幫助的會議，以致浪費了寶貴的時間？或者放下應該做的工作？

②是否說了沒有必要的話，以致妨礙了他人的工作？

③是否由於不速之客的來訪，使得工作時常中斷？

④對於「公式化」的日常業務，是否消耗了很長的時間？

⑤對於一年成交十萬日幣的顧客和百萬日幣的顧客，是否耗費一樣的時間？

或許，你能夠從裏面發現這些事。

⑽跟金錢一般，也得成立時間的預算。只要把自己使用時間的情形，一一書寫在紙上，即可看出自己對時間的分配是否適切。接下來，再檢討自己應該在最初做的事情，是否實際地在最初就做好了？自己的活動，是不是針對本身的主要目標，最後才訂立合理的時間使用計劃。如此這般，充分考慮全體的工作，個個工作的相互

關係，以及書寫了最耗時間的工作以後，方能夠有效的使用自己的
時間。

心得欄 --------------------------------------

2
你的工作內容是什麼

在你檢討所記錄的時間表之前，應該先花點時間想想你的工作內容是什麼，此處並不特指你正在從事的工作本身，它同時也涵蓋這份工作所具有的意義，無論你的職位是經理、是直銷部門主任、還是土木工程師或機械工程師，你的目標都必須符合公司的利益——業務蒸蒸日上，產品大發利市。

首先，你可以先研究一下你的工作說明書。「什麼？」你幾乎在嚷叫。「工作說明書？開玩笑，那來的什麼工作說明書！」不要緊，如果你沒有說明書，心裏總該對自己的工作有點概念吧？至少該知道自己的職責所在是什麼，萬一連這點也不清楚，那就找個人問問好了——你的上司、下屬、人事部門、同僚等都可以。如果你們公司備有各種職位的說明書，那麼順便也替你的上司和下屬看看，因為他們會告訴你，那些事是你份內該做的事，更重要的，他們也會提醒你那些事情和你毫不相干。

在列舉你的工作內容時，不妨遵照以下的形式先列出標題：

1. 讀信和寫信。
2. 諮詢，指導等問題。

3. 會議。

4. 不速之客。

5. 處理棘手的問題。

6. 擬定工作計劃。

7. 通電話。

8. 閱讀。

9. 提出工作報告。

10. 出差。

11. 對團隊成員的激勵與督導。

12. 拜訪重要客戶。

當然，你可以根據個人情況而修改上列項目，不過，要記得概略地估計一下每一個項目所需要的時間，不同的職業在時間分配上也不僅相同，如果你從事的是服務業，那麼接聽電話很可能是你的主要工作之一，在檢討時間的浪費時，便不能從減少接聽電話著手，而應該採取減少其他活動的方式來節省時間。

然而你可以將概略估算的表格，和實際記錄的表格核對一下，比比看你認為合理的時間，和實際所花費的時間差距有多大，這便是你改進工作效率的重要參考之一。

以下所列四個階段的分析表，將有助於你更進一步瞭解自己支配時間的情形。

階段 1：確實填寫工作內容，詳細記錄每一項活動。

（按照時間順序填寫）

1._____

2.＿＿＿＿＿＿＿＿＿＿＿＿＿＿＿＿＿＿＿＿＿＿

3.＿＿＿＿＿＿＿＿＿＿＿＿＿＿＿＿＿＿＿＿＿＿

4.＿＿＿＿＿＿＿＿＿＿＿＿＿＿＿＿＿＿＿＿＿＿

5.＿＿＿＿＿＿＿＿＿＿＿＿＿＿＿＿＿＿＿＿＿＿

階段 2：將前面所列的工作項目，按其輕重緩急重新排列，最重要的列在最前面。

1.＿＿＿＿＿＿＿＿＿＿＿＿＿＿＿＿＿＿＿＿＿＿

2.＿＿＿＿＿＿＿＿＿＿＿＿＿＿＿＿＿＿＿＿＿＿

3.＿＿＿＿＿＿＿＿＿＿＿＿＿＿＿＿＿＿＿＿＿＿

4.＿＿＿＿＿＿＿＿＿＿＿＿＿＿＿＿＿＿＿＿＿＿

5.＿＿＿＿＿＿＿＿＿＿＿＿＿＿＿＿＿＿＿＿＿＿

階段 3：比較階段 1 和階段 2 的表格，看看是否有不當之處，請按下列三個問題作答，將結果填上。

A、一星期當中，你花費多少時間在階段 2 所列的每一項目上？

＿＿＿＿＿＿＿＿＿＿＿＿＿＿＿＿＿＿＿＿＿＿＿

B、這些項目實際上需要多少時間？

＿＿＿＿＿＿＿＿＿＿＿＿＿＿＿＿＿＿＿＿＿＿＿

C、比較 A 和 B 所花費的時間，兩者有多大差距？

＿＿＿＿＿＿＿＿＿＿＿＿＿＿＿＿＿＿＿＿＿＿＿

階段 4：改進你的工作效率。將階段 3 中有問題的部份一一列出。

1.＿＿＿＿＿＿＿＿＿＿＿＿＿＿＿＿＿＿＿＿＿＿

2.＿＿＿＿＿＿＿＿＿＿＿＿＿＿＿＿＿＿＿＿＿＿

3. _____

4. _____

5. _____

時間表的分析：

現在翻閱一下你手中的表格，試著分析各項活動的成效，再回答下列兩個問題：

1. 你的工作成效如何？

2. 那些事情你做得不夠完善？

你可以將工作分成三種類別：

1. 必須做的事。

2. 應該做的事。

3. 喜歡做的事。

然後再按事情的重要性予以適當分配，可以採用百分比的方式，將時間分為 75%、20%、5%等等，重要性不同的工作所花的時間也不同，大致以不超過工作時數的預定比例為原則。

現在重新看看你手中的記錄表，檢討一下你在各項活動上所花的時間，它們是按照事情的重要性分配的嗎？

我們常會犯了好逸惡勞的毛病，總喜歡做容易做的事情，或是專挑喜歡做的事情做，而規避那些難度較高的工作，其實，較困難的工作可能也是較有價值的工作，而「價值」，不正是工作的主要目的之一嗎？

檢討時可以將時間分別為兩類：

1. 行政管理所花的時間：包括計劃、整頓、行動等。

2. 專業技能所花的時間：視個人的專業技能而定。

升任主管的你，或許發現最大的誘惑之一便是放下行政工作做你的老本行，如會計、工程、銷售等等。當然，你一定有機會用到你的專長的，不過也不能忽略行政工作的要求，此外還要注意一點：你是否因為不願面對新工作的壓力，才想逃回能帶給你安全感的舊工作去？

你的工作負擔從何而來？

1. 老闆

他是否託付你太多工作？

2. 下屬

他們是否過度仰賴你？

3. 你自己

你工作過度嗎？

4. 其他

從那兒來？

有多重要？

授權——想想你手邊的工作，然後問問自己：

這份工作可以交給屬下處理嗎？

當你在檢討使用時間的方式時，必須同時思索如何加以改進，才能達到有效掌握時間的目的。

1. 你手邊的工作有那些是不必現在處理的？

2. 那些事情你應該花更多時間？

3. 那些事情你花了太多時間？

4.那些事情你應該分派給屬下去做？

這些問題你可以不時拿出來提醒自己，最好每半年做一次時間記錄表，看看工作方式是否確有進步，因為一個人的惰性是很容易恢復的。

你可以先從小處建立信心，找出較有把握改正的地方，然後就從那裏開始著手，事先最好能和其他人商量一下，比方你的老闆或同事等。你可以先列出所有需要改進的地方，然後決定那些你可以單獨應付，那些需要別人的協助，或者那些可以暫時擱下來，以後再改進。

如果你已經訂出兩三個現在就可以達到的目標，那麼好好計劃一番，立刻動手去做，然後評估成果。記住不要一下子做太多項目——沒有什麼比興致勃勃地開始，卻屢遭挫折更令人灰心喪志的了。

所有的改變最好都能緩慢溫和地進行，如此一來，每一個與工作有關的人都可以明瞭變化發生的原因，並且清楚變化的進行，這才是我們建議從小處著手的初衷，等你逐漸產生信心之後，再嘗試做較大的、牽連較廣的改變，那時週遭便不會天翻地覆或大驚小怪了。到那時候，每一個人都會为你的魄力所折服。

3

工作方式的綜合檢討

當你填畢時間表之後，如果有更好的辦法可以取代你過去利用時間的方式，那麼應該讓新的領悟引導你，將時間用在更富有創意和成就感的地方。

現在請仔細閱讀下列問題，然後按照自己，或願意給你忠告的朋友的分析，來回答這些問題。

1. 從我的時間記錄表看來，最大的問題是什麼？

2. 我花在什麼地方的時間太少？

3. 我花在什麼地方的時間太多？

4. 什麼事情可以分派給人做？

5. 我的工作表中充滿個人發展的色彩嗎？

6. 我的工作表中注意到屬下的發展嗎？

7. 一天當中的那一段時間，我的頭腦最靈活？

8. 我能減少無謂的活動嗎？

9. 我真有必要參加各項會議？

10. 我是否明白每一項會議的要旨？

11. 我的工作空間是否按照增進工作效率的目的而設計？

12. 我花過多時間從事別人所吩咐的工作嗎？

13. 我花多少時間在專業技能上？

14. 我花多少時間在洽辦業務上？

15. 我和老闆相處的時間有多少？

16. 我和秘書相處的時間有多少？

17. 我曾經向別人請教過如何利用時間嗎？

18. 我親自接聽每一通電話嗎？

19. 我能夠一次把事情做完嗎？

20. 根據我所做的記錄表，我最多有過多少時間不受打擾？

你一定可以看到管理工作可能有的缺失，它們極可能影響到工作的效率。

1. 浮淺的工作態度

既然主管的工作如此繁雜多樣，所以他往往得花許多時間處理旁人的問題，這樣便產生一種危險：他可能分不清那些事情是次要的，那些事情則需要深思。

2. 被動的工作態度

一個被動的主管，就像被別人牽著走的傀儡一樣，無法有效地訂定自己的工作方針。

3. 動盪不安的工作態度

主管要應付許多突如其來的事情，所以工作時間常顯得支離破碎，他將發現很難靜下來做完一件事情，他的注意力常常被吸引到別件事上去，儘管別件事可能只是一件不重要的小事。

4. 忙碌的誘惑

忙碌，可能使你對困難的工作，或更重要的事情無暇深思。

5. 無暇傾聽

或許主管有心想對屬下有所幫助，但他肯抽出時間傾聽屬下的意見嗎？

6. 缺乏溝通

主管的位置愈高，愈可能產生與屬下之間的隔閡，他從各方吸收來的理念將無法為屬下所瞭解。

針對以上的弊端，建議你：

1. 一個好主管應該時時充實屬下的知識，因為他站在一個視野比較廣闊的立足點上，接觸的層面比較多，許多資訊只有他才知道。

2. 為了避免浮泛的工作態度：主管應該將可以分派給屬下或可以迅速處理完的工作，和需要深思熟慮的工作劃分清楚。

3. 曾經有一位主管為自己訂了規則，比方說，身為「委員會」的一份子，他便有義務撥出一部份時間為「委員會」效勞，所以決定那些事情值得遵行，也成為所訂的規則之一。

4. 能幹的主管應該儘量把握機會，譬如，在例行的巡視中，別的主管可能只看到表面的作業情形，但是你卻可以注意到整個作業過程中，還有那些一可以改進的地方。

5. 身為主管，你應該見微知著，千萬不可因為專注於細節而看不清全局。

6. 一個好主管要時刻檢討自己的工作方式，一般人最常犯的錯誤是：花太多時間在自己感興趣的事情上，卻忽略了其他最重要的

事情。如果你將應該做的事列出來，然後記錄下自己實際上做的事，相信你會對兩者之間的差距感到吃驚的。

心得欄 ---------------------------

4
你是否每天被時間所折磨

　　週日的清晨，小李就起來給車加油，因為他們全家人將要去郊區旅遊。每天都在工作，時間安排得總是滿滿的，一家人早就盼望週末能夠出去旅遊一天。

　　正當小李準備去加油站時，小兒子跑過來說：「爸爸，你上週就答應給我做一個玩具手槍的，今天是最後一天了！」

　　小李拍了拍自己的腦袋，「是啊！今天是最後一天了。」近來的工作很忙，他早就把這件事給忘了。於是小李到地下室裏拿出了工具，開始為小兒子做玩具手槍。好不容易做完了，已經快到中午了，於是小李想：「等給車加完油再吃飯吧！」於是開著車就要去加油站。從自己家的養豬場經過時，他看到豬餓得嗷嗷叫，於是就去找些飼料，當他找到放飼料的地方時，看見裝飼料的袋子，又想起家裏的土豆已發芽了。於是，他往放土豆的地窖走去。當經過堆放木頭的地方時，小李突然想到家裏燒壁爐用的柴已經不多了，這不是現成的嗎？於是他撿了幾根送了回去。這時候，他家拴在樹上的狼狗不知道怎麼擺脫項圈跑了出來。「可千萬別咬傷了人！」小李心想……

就這樣折騰著，轉眼間天就黑了，一天小李也不知道忙了些什麼，反正油箱裏的油真的是不多了。

仔細地思考一下，你會發現讓你手忙腳亂的局面的原因，是由於你沒有合理安排你的時間。如果你想生活得輕鬆自如，就首先應該學會如何安排好自己的時間。做到分清輕重緩急，學會照顧全局。

每天考慮一下，你一共要做幾件事，列一個任務表，並且按照優先次序對各項任務進行時間預算或分配，這樣做會對你十分有益。然而，許多時候人們花費時間的數量往往與他們任務的重要性成反比。

人們的時間很少花費在他自己想要花費的地方。這種想法捉弄了時間的主人，使得人們錯誤地認為，自己的時間正用於應該用的地方，並沒有認識到他現在的行為是在白白地浪費時間。

所以，我們認為在做任何事情之前，做一些必要的安排和準備，一般來說比事後補救的活動更為有效。小洞不補，大洞吃苦。防患於未然，避免發生意外的最好辦法就是預料那些可能發生的意外事件，並為之制定應急措施。

做事之前，沒有任何的計劃和準備，一旦遇到意外發生，事態發生惡化，那就無法避免。假如執行的是錯誤的任務，或者把任務放在錯誤的時間執行，甚至是執行一項毫無目的的行動，無論你做事是多麼的迅速，事情做得多麼盡善盡美，最終都將導致無效的結果。高效率可以理解為在合理的時間工作，高效能可以理解為正確地做正確的工作。所謂有效的活動，就是指用最少的資源，包括時間以及人力、物力等一切物質資源和精神資源來取得最大的效果。

然而人們往往忽視做事所要達成的目標，或者忘記做事所要達到的預期效果，而把精力全部集中在隨時發生的事情或活動上。終日忙忙碌碌而漫無目標，漸漸成為他們的生活和習慣。這些人們趨向於活動型而不是效果型。他們不是去支配工作，而往往是被工作所左右。他們把動機誤作成就，把活動誤作效果。

正是因為人們沒有或者淡忘自己所要實現的目標，應該馬上做出的決策卻延期好久才去做；應該付諸的行動一再推遲，久而久之，就養成了拖延的習慣。而所有的這些便是使人們失去時間、錯過機會、增加最後時限的壓力和產生各種危機的根本原因所在。

心得欄 _____

_____

_____

_____

_____

_____

5
董事長對時間的檢討
··································

　　某一位董事長，當著自己公司的管理人員面前，提起了自我分析時的經驗。

　　「……發生了非常奇妙的事。到了開始分析的第三天，沒有用的活動數量減少了。大多數的人，實行從分析所獲得之結論。從此以後，很少被電話鈴聲以及多餘的訪問所打擾，所有的訪問者，都在事前徵得同意後，方始登門造訪。」

　　不管是調查及分析自己的時間使用方式，或者利用調查表找出自己的缺陷，都能夠獲得不少好處。那就是——你會格外的意識到自己的時間。

　　欲有效地利用時間的話，一副吊兒郎當的模樣是辦不到的。必須時時有意識而合理地，多多少少的勉強自己。隨時隨地意識到時間，在乎時間，如此就可以體會到合理的時間使用欲有效的話，最重要的第一步，不外乎評價自己的時間使用法，明瞭自己的活動典型。這並非很艱難的事情，亦不是古怪的事。不看個別的行業，而是把它們合計，一併地詳看。

時間損失的調查表：

1. 拖延所造成的時間損失

你有沒有做如下的事情：

· 早晨起得很晚嗎？

· 賴在床上遲遲不想起身嗎？

· 夜裏不準備明早的事就睡覺嗎？

· 早晨慢條斯理的看報嗎？

· 吃早餐時，抽好幾支煙，又喝咖啡，動作慢吞吞的嗎？

· 在坐進自己的位置以前，跟同事說些無關緊要的話嗎？

· 在開始工作以前，就先去喝茶嗎？

· 在著手辦公以前，是否先做一些私事呢？

· 一旦進入公司，是否先開始閱讀報紙呢？

· 工作時，是否時常偷懶？

· 是否以沒興趣為理由，遲遲不想做事呢？

· 是否匆促的著手工作，以致必須重來，而浪費時間。

2. 混亂所造成的時間損失

你有沒有做如下的事情：

· 是否從事多種不同種類的工作？

· 是否出售多種不同種類的兩品，以及從事多種不同的服務？

· 對於那些帶給你不同問題的人，你是否把他們列入自己的管理？

· 你把時間耗費在正確的問題上面嗎？

· 你是否在做對工作目標有貢獻的事情？

· 你是否試著把東西賣給有指望的顧客？

· 你是否為了好的顧客在工作？

· 你認為自己的努力有價值嗎？

· 你是否依據重要性，優先的做重要的工作？

· 為了使生產性的時間，創造性的時間，準備的時間，跟這以
外的時間保持平衡，你是否對所有的工作，都分配好時間
呢？

· 為了最大限度的活用精力，是否把最好的時間，分配到工作
方面？

· 對於其他人能夠做的事，是否委託別人做呢？

· 在相同的時間裏，你是否利用能發揮更良好生產性的工具，
或者設備呢？

3.貪玩所造成的時間損失

在重要的工作之間，你有沒有做如下的事情：

· 你悄悄溜出去買東西嗎？

· 你悄悄溜出去看電影嗎？

· 你在工作時間內，悄悄溜出去喝咖啡嗎？

· 你曾經溜出去做一些遊戲嗎？

· 你去會見不關緊要的人，利用電話說廢話嗎？

· 對你來說，參加不必要的會議，或出席不必要的集會嗎？

· 跟訪問者見面時，是否消耗太多的時間？

· 打電話或者聽電話的次數太多嗎？

4. 參與過度所造成的時間損失

例如你認為——

· 再多說也沒有效果的話,立刻就結束面談或者會議嗎?

· 雖然已獲得成為關鍵的重要事實,然而,你仍然參與事實的調查,以及細節的追查嗎?

· 是否對一個問題下漫長的工夫,以致努力的報酬反而減少了呢?

5. 紙上工作所造成的時間損失

閱讀書類時,你會——

· 為了淘汰不必要,以及非生產性的東西,你是否精選閱讀的資料?

· 為了一面選擇一面閱讀,你是否挑出書的中心思想?

· 為了增加閱讀速度及理解力,你是否使用速讀法?

· 為了在規定的時間內,閱讀更多的文件,你會如何處置工作?

· 諸如信件、記錄、報告書等,都簡單扼要的書寫嗎?

· 時常在寫的信件,為了縮短書寫的時間,一律使用定型的格式,以及定型的文章嗎?

· 對於普通的紙上作業,你如何處置?

· 對於那些習慣化,但是沒有用處的工作,你會把它省略了嗎?

· 你放棄非本質性的工作,使紙上作業的流動順暢嗎?

· 你有沒有把幾種形式的記錄結合起來,以期一張用紙能達到

多用途的目的？

・對於沒有用的記錄，你是否有放棄保存的念頭？

6
你的工作是什麼

所有經營管理的權威者都會異口同聲地說的就是，如果能夠為了自己把工作的內容明白地記下來，則必定能夠做好的自我管理，而這個人的能力也會有非常大的進步。

如果能夠遵照這個意見，你就可以開始明瞭自己工作的全貌、很多工作之間比重的差別，自己的工作與部屬的工作，甚至與同事、上司的工作的相互關係。

責任與許可權的範圍，特別的工作，必須立刻投入時間去處理的工作——如果不能真正理解這些一事情，則無法有效地管理自我，將工作效率化。

將自己的工作內容詳細的寫在紙上有很多的益處。

⑴首先，由於這樣，你因此才明瞭了你所在的地位被賦予什麼樣的工作。大多數情況，每天到底在做些什麼事情，除了你自己以外沒有人能夠正確的理解。甚至連你自己本身，在還沒有把自己本

身應當做的工作毫無遺漏的寫下來之前，也不經意的忘記了許多應當做的工作。

而在你所從事的工作中，或許有些種類的工作並沒有到要刻意地去分割時間的地步。因為，所謂工作，只要被賦予了一次，則不管其理由早已消滅，永遠都會跟隨那個人而存在。

從新的觀點重新來看現在的工作，也可以發覺，你現在所負的責任之中，有些是應該由別人來承擔責任的。

⑵由於確實地做到職務記述，可以使你自己瞭解是否有職務再瞭解之需要。也可以明瞭你目前的工作，由一個人來處理本來就較勉強，使自己的肩上背了太多負擔。

⑶可以知道每天被瑣碎的雜事壓得「見樹不見林」的地步。由於從高處來俯覽全體的工作，才能明確地瞭解工作的主要目標，因而對於從前佔了很多時間的種種工作之重要性能夠重新加以評估。

⑷瞭解根據正確、客觀的分析，為了將工作做得完美，需要怎麼樣的經驗和訓練。而這些是能夠幫助自己的啟發的。

⑸人們常將努力集中於自己感到特別有興趣之工作上，而忽略了其他重要的工作。職務記述便可以矯正這種偏差。

7

職務記述的做法

把自己必須要做的工作寫下來的東西叫做「職務記述書」，在一個有制度的公司裏，為了從業人員本身，便有這種制度，而這些大半都是做為評價業績的基礎。而在這裏所說的職務記述書，並非以上所說的「職務記述書」，而是指「自己專用」之記述書而言。

那麼，說到它的作法，絕不是一件很難的事情。首先，在一張紙上，將你目前所做的事情毫無遺漏地寫下來。現在正進行的工作，除了公司分派予自己之經常業務之外，應該尚有出席早會、會議，接洽來訪之客戶等等，或許也包含了一些市場情況之分析與判斷等之調查性的工作，也有的是與其他部門連絡之工作。

總之，把自己應該做的工作毫無保留地，也不要介意這些工作之重要性或順序如何等，一個接一個將它列出來。

這些做完之後，接下來便將這些工作按其重要性，重新排出順序來，而這順序就好像是向自己問道「如果我只能做這表中的一個工作，那應該先做那一個工作呢？」

然後再問道「下一個我應該做的工作又是什麼呢？」照著這要領繼續至最後即可。

　　這樣，已經完成了一張將自己的工作按重要程度順序列出來的一覽表。接下來要針對每一個所列出之工作，應做什麼，如何去做，把自己想到的註解加進去。再根據從前做這些工作的經驗，將認為最合理、效率化的方法記入各項裏。（現在將完成的表格拿到上司那裏，與上司商量一下。或許上司會從公司的立場來看，確認那些工作之優先順序，也會幫你研究如何進行那些工作較好，或者提供一些可以把工作做得更好的情報、援助、許可權等。）

　　依這樣的格式做出自己專用的職務記述書，不僅對於明確自己應該所從事之工作有所助益，也可以用來做為檢討自己的工作進行法是否正確，同時亦可作為管理自己日常工作，促使其順利進行的手段。

心得欄

8

時間的敵人

⋯⋯⋯⋯⋯⋯⋯⋯⋯⋯⋯⋯

　　一般人對於時間之敵——也就是浪費時間，往往會歸咎於外在的原因。例如，外面打來的電話，不必要的會議，訪問的客人，無能的部下，蠻不講理的上司等等。然而，真的只有這些才是時間的敵人嗎？

　　能率研究家，提出了以下節約時間的秘訣。

　　①省略浪費時間，沒有用、無聊的事情。

　　②把繁雜的工作留到後頭，很有要領的，迅速的，從簡單的事情開始去做。

　　③學會把兩、三種工作一起做的方法。

　　把上述說法倒轉過來，所謂的時間的敵人，無非是不能推掉別人強迫你做的事情，毫無次序的，一次做很多種的事情，以為不能迅速的投入工作等等，清一色發生自內在，也就是說，浪費時間的原因，是在於你自己。

　　R·麥肯基在「管理時間之技術」這本書裏，介紹了經營學者彼德朵拉卡所製作，有關「時間管理」的電影。在這部電影裏，朵拉卡跟一位整天違反時間管理之法則的老闆對談。

　　觀看這一部電影的人，首先看到了主要的時間之敵，它們是利用目錄表現出來的。接下來，再看內容完全不同的二張表，只要把兩張表比較一下，即可明瞭第一張表是記載外在原因的時間之敵，第一張表則是記載內在原因，也就是以自己為原因的時間之敵。

　　四十位電器行的老闆看了這部影片以後，製成兩張的「時間之敵」（參照表格），A 表在觀看影片時整理，B 表則是在看完影片後整理。

表 A	表 B
‧ 為了問題而被提示的不完整情報	‧ 試著一次做很多的事情
‧ 從業員缺乏問題意識	‧ 非現實的時間評價
‧ 缺乏許可權的委讓	‧ 遲延
‧ 電話	‧ 整體的機構不足
‧ 經常的業務	‧ 不想聽別人的話
‧ 中餐	‧ 自己親自動手
‧ 妨礙	‧ 不敢說「不」字
‧ 會議	‧ 不讓別人做事
‧ 缺乏優先次序	‧ 沒有許可權責任的委讓
‧ 冒險的經營法	‧ 喜歡干涉每一個人
‧ 對部屬個人的關照	‧ 草率的決定
‧ 外部活動	‧ 無視於命令系統
‧ 溝通不充足	‧ 非難他人
‧ 錯誤	‧ 個人或外面的活動

　　請特別注意看電影時與看電影以後的變化。如果是你的話，也

很可能發生類似的事情。你不妨問自己幾個問題。看看自己的「時間敵人」之中，那一個發生自內在？也就是自己所招致者；那一個發生自外在？也就是他人或者雜事所帶來者。如此答完了質問以後，你就可以獲得結論。那就是，時間管理的核心，仍然在於自己內心。你也可以意外的領悟到，原來你每天都以相同的方式，一直在浪費時間。

心得欄 _____

_____

_____

_____

_____

_____

9

瞭解你的時間問題所在

　　那麼，你是什麼樣的人呢？你將如何工作？怎樣完成任務？是什麼阻礙了你？希望你能對你的工作方法有一定的瞭解，然後利用你所瞭解的東西去判斷本書中那些方法最適合你。

　　是什麼阻止你做更多的事情？請看下面的調查問卷，在 1～5 分中選出一個分數給每個陳述打分。

　　1=非常反對

　　2=反對

　　3=中立

　　4=同意

　　5=非常同意

　　然後，我要讓你看看你打 5 分的陳述，我會說出每一個陳述的解決方法。

　　我無法做更多的事情，是因為：

　　1. 工作人員配置不合理／工作人員短缺／工作人員不可替代／人員緊缺（　　）

　　　　1=非常反對　　2=反對　　3=中立　　4=同意　　5=非常同意

2.有一個沒有經驗的團隊/員工培訓未達到要求（　　）

　　1=非常反對　　2=反對　　3=中立　　4=同意　　5=非常同意

3.我做的是不容易與別人合作的專業性的工作（　　）

　　1=非常反對　　2=反對　　3=中立　　4=同意　　5=非常同意

4.我做的幾個項目具有相同的優先順序（　　）

　　1=非常反對　　2=反對　　3=中立　　4=同意　　5=非常同意

5.我的組織不能說「不」（　　）

　　1=非常反對　　2=反對　　3=中立　　4=同意　　5=非常同意

6.我不能說「不」，我是眾所週知的優秀的人，願意盡可能地幫助別人（　　）

　　1=非常反對　　2=反對　　3=中立　　4=同意　　5=非常同意

7.承擔太多的工作/太多的項目（　　）

　　1=非常反對　　2=反對　　3=中立　　4=同意　　5=非常同意

8.用錯了時間——沒有記錄時間和根據時間限制來設定目標（　　）

　　1=非常反對　　2=反對　　3=中立　　4=同意　　5=非常同意

9.在時間管理方面我確實沒有自我約束（　　）

　　1=非常反對　　2=反對　　3=中立　　4=同意　　5=非常同意

10.我得到更多的工作和項目，但沒有得到更多的資源（　　）

　　1=非常反對　　2=反對　　3=中立　　4=同意　　5=非常同意

11.公司的時間表太緊（　　）

　　1=非常反對　　2=反對　　3=中立　　4=同意　　5=非常同意

12.第一項工作還沒完成就去做另一個工作（　　）

1=非常反對　　2=反對　　3=中立　　4=同意　　5=非常同意

13.我沒有處理好項目（　　）

1=非常反對　　2=反對　　3=中立　　4=同意　　5=非常同意

14.我接受了更多的工作項目，努力獲得更多的知識（　　）

1=非常反對　　2=反對　　3=中立　　4=同意　　5=非常同意

15.組織的工作節奏（　　）

1=非常反對　　2=反對　　3=中立　　4=同意　　5=非常同意

16.我沒有足夠的時間去做更多的工作（　　）

1=非常反對　　2=反對　　3=中立　　4=同意　　5=非常同意

17.由於剛接觸而產生的問題，如新工作、新部門或新機構（　　）

1=非常反對　　2=反對　　3=中立　　4=同意　　5=非常同意

18.我過度依賴別人（　　）

1=非常反對　　2=反對　　3=中立　　4=同意　　5=非常同意

19.當我接受新的任務或項目時，我承擔了過多的工作（　　）

1=非常反對　　2=反對　　3=中立　　4=同意　　5=非常同意

20.我在沒完成之前的任務或項目的時候就接受了新的任務或項目（　　）

1=非常反對　　2=反對　　3=中立　　4=同意　　5=非常同意

21.不夠瞭解我工作所在的組織（　　）

1=非常反對　　2=反對　　3=中立　　4=同意　　5=非常同意

22.對工作的困難估計不足（　　）

1=非常反對　　2=反對　　3=中立　　4=同意　　5=非常同意

23.未能完成認為能夠完成的任務（　　）

1＝非常反對　　2＝反對　　3＝中立　　4＝同意　　5＝非常同意

24. 沒有委任（　　）

1＝非常反對　　2＝反對　　3＝中立　　4＝同意　　5＝非常同意

25. 對於自己完成任務的能力過於自信（　　）

1＝非常反對　　2＝反對　　3＝中立　　4＝同意　　5＝非常同意

26. 組織的文化（　　）

1＝非常反對　　2＝反對　　3＝中立　　4＝同意　　5＝非常同意

27. 我工作所在國家的文化（　　）

1＝非常反對　　2＝反對　　3＝中立　　4＝同意　　5＝非常同意

28. 替代休年假或病假的人工作（　　）

1＝非常反對　　2＝反對　　3＝中立　　4＝同意　　5＝非常同意

29. 由於某些事情沒有正確徹底地做好，還需要重做（　　）

1＝非常反對　　2＝反對　　3＝中立　　4＝同意　　5＝非常同意

30. 太多的人讓我做太多的事情（　　）

1＝非常反對　　2＝反對　　3＝中立　　4＝同意　　5＝非常同意

31. 不知道我在做什麼的人認為我不忙（　　）

1＝非常反對　　2＝反對　　3＝中立　　4＝同意　　5＝非常同意

32. 各種各樣的事情要做（　　）

1＝非常反對　　2＝反對　　3＝中立　　4＝同意　　5＝非常同意

33. 忙碌於不同的工作，現在的工作有重疊（　　）

1＝非常反對　　2＝反對　　3＝中立　　4＝同意　　5＝非常同意

34. 接受了自己工作範圍以外的工作（　　）

1＝非常反對　　2＝反對　　3＝中立　　4＝同意　　5＝非常同意

35. 承擔太多的職責（　　）

　　1=非常反對　2=反對　3=中立　4=同意　5=非常同意

36. 那就是我工作的方式（　　）

　　1=非常反對　2=反對　3=中立　4=同意　5=非常同意

37. 我沒有與我的老闆溝通（　　）

　　1=非常反對　2=反對　3=中立　4=同意　5=非常同意

38. 我對任何事都說「是」（　　）

　　1=非常反對　2=反對　3=中立　4=同意　5=非常同意

39. 不尋求幫助（　　）

　　1=非常反對　2=反對　3=中立　4=同意　5=非常同意

40. 我有很多事要做（　　）

　　1=非常反對　2=反對　3=中立　4=同意　5=非常同意

41. 沒有足夠的時間讓所有的工作都達到令人滿意的程度（　　）

　　1=非常反對　2=反對　3=中立　4=同意　5=非常同意

42. 急救（　　）

　　1=非常反對　2=反對　3=中立　4=同意　5=非常同意

43. 錯誤的計劃（　　）

　　1=非常反對　2=反對　3=中立　4=同意　5=非常同意

44. 錯誤的估計（　　）

　　1=非常反對　2=反對　3=中立　4=同意　5=非常同意

45. 不斷有人打擾我，因此不能按計劃工作（　　）

　　1=非常反對　2=反對　3=中立　4=同意　5=非常同意

46. 人們不按在培訓中所學的東西做事（　　）

1=非常反對　　2=反對　　3=中立　　4=同意　　5=非常同意

47.做完小事後我才能專心做大的事情（　　）

1=非常反對　　2=反對　　3=中立　　4=同意　　5=非常同意

48.失去了做其他項目的人手（　　）

1=非常反對　　2=反對　　3=中立　　4=同意　　5=非常同意

49.自我管理能力不強（　　）

1=非常反對　　2=反對　　3=中立　　4=同意　　5=非常同意

50.我不是在作計劃，而是處理緊急事件（　　）

1=非常反對　　2=反對　　3=中立　　4=同意　　5=非常同意

51.我不先做最重要的事（　　）

1=非常反對　　2=反對　　3=中立　　4=同意　　5=非常同意

52.我不喜歡說「不」（　　）

1=非常反對　　2=反對　　3=中立　　4=同意　　5=非常同意

53.我不認為我可以說「不」（　　）

1=非常反對　　2=反對　　3=中立　　4=同意　　5=非常同意

54.從未徹底完成項目（　　）

1=非常反對　　2=反對　　3=中立　　4=同意　　5=非常同意

55.做別人的事情優先於做自己的事情（　　）

1=非常反對　　2=反對　　3=中立　　4=同意　　5=非常同意

56.沒有使用我的時間管理系統（　　）

1=非常反對　　2=反對　　3=中立　　4=同意　　5=非常同意

57.來自上級的要求（　　）

1=非常反對　　2=反對　　3=中立　　4=同意　　5=非常同意

58.人們不檢查我的工作能力（　　）

　　1=非常反對　　2=反對　　3=中立　　4=同意　　5=非常同意

59.沒有給我足夠的時間作計劃（　　）

　　1=非常反對　　2=反對　　3=中立　　4=同意　　5=非常同意

60.我沒有按照時間管理培訓去做，而是做了一段後就又回到自己的老方法上來了（　　）

　　1=非常反對　　2=反對　　3=中立　　4=同意　　5=非常同意

61.我不總是先做最重要的事（　　）

　　1=非常反對　　2=反對　　3=中立　　4=同意　　5=非常同意

62.在我的工作時間裏出現不斷的變化和要求（　　）

　　1=非常反對　　2=反對　　3=中立　　4=同意　　5=非常同意

63.我不是總喜歡要求我做的事情的規模。當我做事的時候，已經有承諾在先了，所以我不得不做下去（　　）

　　1=非常反對　　2=反對　　3=中立　　4=同意　　5=非常同意

64.別人不是總能幫上忙（　　）

　　1=非常反對　　2=反對　　3=中立　　4=同意　　5=非常同意

65.商業的本質——事情不斷變化，我不得不去適應（　　）

　　1=非常反對　　2=反對　　3=中立　　4=同意　　5=非常同意

66.沒有其他人能做這件事（　　）

　　1=非常反對　　2=反對　　3=中立　　4=同意　　5=非常同意

67.管理層在給我更多的工作之前沒有考慮到我的目前工作量（　　）

　　1=非常反對　　2=反對　　3=中立　　4=同意　　5=非常同意

10

你把時間花在了什麼地方

有句老話說，你不能評估它，你就不能管理它。所以，你必須知道你現在把時間花在了什麼地方。這樣做是為了你的工作和你的全部生活。我為你的工作去做這件事首先是想向你展示它是如何做成的，然後你就能為你的全部生活做這件事了。

1. 考慮每件你必須做的事情

⑴找一段時間——一個月，幾個月，從現在到下個月末，從現在到這個季末，半年，一年中的其他時間——只要適合你的時間就可以。

⑵把在你選擇的一段時間裏要做的事情列一個表，表中包含：

‧ 在這段時間裏結束的項目；

‧ 在這段時間裏開始的項目；

‧ 在這段時間裏開始的項目和結束的項目；

‧ 這段時間內所有的項目。

⑶現在，在表上增加或許被稱為「日常業務」或「每日工作」的東西，如：

‧ 會議。你所參加的會議也許是針對個別項目的，但大多數參

加的是「小組會議」、「週一會議」、「公司會議」，等等。也不
要忘記你也許要做會前準備、會後總結或類似的工作。

· 報告。也許你的工作包含做或讀許多報告。

· 中斷。無論是現場的中斷，還是由於電話或手機造成的中斷，
我們每天都會遇到這些事情。

· 電子郵件。也許你的所有郵件都與具體的項目有關，但是大
多數人每天還有其他的事要做，所以，要花時間想想這些郵
件是否與具體的項目有關。

· 出差/拜訪。或許你要出差或者有人要來拜訪你，這樣就會佔
用你的時間。

· 培訓。也許你正在參加某課程的培訓，或是你正在給別人培
訓。

· 年假。總是非常美妙！

· 人員管理。也許你是一些人的管理者，這也會佔用你的時間。

· 電話。我們每天要處理一些/很多電話。

· 招聘。也許你的組織正在擴大規模，所以你需要花時間看簡
歷、面試和做相關的工作。

· 急救。不言而喻！

· 補位。也許有人請假了，所以你在做他的工作。

(4)在表上再加一項「新工作」。也許在這段期間，你的工作看起
來不會有任何改變（我聽說過那樣的事情，但我自己從未經歷
過！）。我們假定，更有可能的是會有新的事情發生。因為還沒有發
生，所以我們還不知道是什麼事情——我們只知道一定會發生。「新

工作」就記錄這些事情。

⑸最後，工作中還有什麼事需要考慮的嗎？你心裏還有沒有沒完成的事？想好這些事然後記在紙上。

2.算出做這件事情需要多少時間

現在算出在你選擇的時間裏，完成列表上的每個項目所花費的時間。每天的小時數、每週的天數、共用的小時數、共用的天數或是任何恰當的測算方法。必須用相同的單位來計算時間。我發現最好的計算單位是「天」。

把這些都算好後，你就會瞭解你在這段時間內必須完成的工作量了。

3.算出你有多少時間

現在算出在你選擇的時間裏有多少個工作日(如果在前一部份你用的單位是「小時」的話，就把「天」換算成「小時」)。這就是你所擁有的時間。

如果你的工作量過大，例如，當你無法按時完成大量的工作時，你就會認為出現這個問題是由於你已經把自己超額訂出了。

下面是示例，這張表是一張為期六個月的示例(假設按每個月四週，共 20 個工作日來計算)。

六個月時間分配示例表

	120	20	20	20	20	20	20
工作	需要	1 月	2 月	3 月	4 月	5 月	6 月
項目 A	72 天	12	12	12	12	12	12
項目 B	24 天	8	8	4	4		
項目 C	10 天				2	4	4
銷售	2 天/週	8	8	8	8	8	8
電子郵件/收件箱/管理員	$1\frac{1}{4}$天/週	5	5	5	5	5	5
假日	10 天						10
工作共計	194	33	33	29	31	29	39

在「工作」一列中列出了所有工作，第二列表示經過調查後算出的完成這些工作所需的時間。每月所用天數、每週所用天數、每天所用的小時數或就是空白的一天都是計算需要做多少工作的好方法。其餘各列是表示完成這次任務持續的時間——在這個例子中是 6 個月。

有兩個地方要注意。第一行表明每月工作的天數。這個例子裏一共用 120 天（因為不同的國家有不同的工作時間，我假設為一個月

有 20 天工作日，你也可以根據自己的情況調整。例如在歐洲的大多數公司裏，12 月的工作日肯定不是 20 天）。另一點需要注意的是這張時間卡持有者的工作總量——在這個例子中是 194 天，說明這個持有者超過工作負荷 50%以上，也就是說，超過了所給時間內可以完成工作的 50%以上。

人們常常會感到驚訝，因為他們看到了有多少事情必須去做。他們有時會被自己過多的負荷嚇一大跳——在如此少的時間內要做如此多的工作。但他們也會經常發現為何花那麼長的時間去工作、思考工作或把工作帶回家的原因。

如果你安排得不平衡，也就是說，如果你必須做的工作需要的時間大大超過了規定時間，那麼，你只能做四件事：

· 你不能做某些事情。

· 你不能在這段期間做某些事情，也就是說，以後再說。

· 委託別人或延長工作時間。

· 降低你的工作品質（有時人們是故意的，有時是無意的）。

當人們最後發現他們失衡時候，他們經常這樣想：「我現在是超負荷的，一旦清除負荷，我就會沒事了。」事情通常不是這樣的。如果時間卡是一個預定系統，那麼，大多數人只要繼續工作就會一直用「預定」的方法。例如，就會做「銷售」和「電子郵件」的「預定」，「預定」的數量達到每週 3¼天，所以，他們每週有不到兩天的時間去做項目工作。大部份人意識到這一點的時候都會大吃一驚。

一週工作時間分配表

序號	工作項目	共用小時數 40	8 週一	8 週二	8 週三	8 週四	8 週五	0 週六	0 週日
1	電話	9.25	2.25	2.50	3.00	1.00	0.50	0.00	0.00
2	管理	7.50	1.75	0.50	0.75	1.50	3.00	0.00	0.00
3	向老闆作狀況報告	1.00				1.00			
4	辦公室經營	4.75	1.00	0.50	1.00	1.00	1.25	0.00	0.00
5	監督員工	6.25	2.00	1.00	1.00	1.25	1.00	0.00	0.00
6	電子郵件；時間表；零錢現金；庫存：電話	5.25	1.00	1.25	0.75	0.75	1.50	0.00	0.00
7	中斷	7.50	1.00	0.50	2.50	2.00	1.50	0.00	0.00
8	會議	6.25	0.00	0.75	1.50	3.00	1.00	0.00	0.00
9	把工作帶回家	6.00	3.00	0.00	3.00				
		53.75	9.00	10.00	10.50	10.50	10.75	0.00	3.00

4.你把時間花在了什麼地方

就像僅為工作設計的時間卡一樣，也會給你一些令人驚喜的啟迪。例如，它可以解釋你忙得焦頭爛額的原因。更有用的是，它可以告訴你考慮在那裏做出改變。它可以讓你思考優先順序——什麼重要和什麼不重要。它還可以讓你考慮在那裏做出艱難的選擇。例如，難道你認為隨便地花一點時間——4小時、12小時或16小時就能大幅度地改變上面的時間卡的內容嗎？如果一個人想要減少負

荷，就必須設立長時間的目標。

製作一張人生時間卡會給你一些關於你把時間花在什麼地方的相似的啟迪——它們也許是令人驚訝的。

5.為你的生活設計一張時間卡

你也可以為你的生活設計一張時間卡。步驟如下：

⑴找一段時間——一個月，幾個月，從現在到下個月末，從現在到這個季末，半年，一年中的其他時間——只要適合你的時間就可以。

⑵把生活中所有的事情列在一張表上，也可以列出你扮演的所有角色。在下頁的人生時間卡中有一個例子可供參考。

也許還有一些你沒有但你想有的角色。例如你想成為馬戲團的盪秋千演員或是一名音樂會鋼琴演奏家。把這些都寫在你的列表中。

也許會有一些你已經推遲去做的事情——納稅申報、一個巧妙的 DIY、你必須打的一個棘手的電話。如果你不喜歡「拖延者」這個標籤，就把這些都加在你的列表裏。

⑶現在算出在這段期間內你要完成表上每項任務的時間。使用每天多少小時、每週多少天、合計、小時、共用天數或看起來最適合每個項目的測量單位。如果你不想受限於這裏所說的一般工作日的每天工作 8 小時，最好把所有這些都換算成小時為單位。

⑷請注意每週 35 小時是指日常工作。在為工作設計的時間卡中應該能夠確認這個時間真實與否。

⑸把這些都加在一起，你會得到在這段期間內你必須做的工作的數量。

(6)現在算出這段期間有多少小時(在人生時間卡中我假設每天工作 16 小時)。這個時間就是你能使用的時間。

(7)表格最後一行的合計數多於第一行的時間量就是你的超額負載——如果有的話。

6 週工作時間卡

	時間共計：6 週×16 小時/天 =672 小時	所需時間（小時）	2 月 18 日	2 月 25 日	3 月 4 日	3 月 11 日	3 月 18 日	3 月 25 日
1	雙月刊雜誌編輯	16						
2	主任會議 2 小時/週	12						
3	每日工作：							
	· 交通 15 小時/週	90						
	· 8：00～3：00/4：30（35 小時）	210						
	· 閱讀(8 小時/週)	48						
	· 2 個會議	16						
4	母親(15 小時/週) 女兒——游泳、作業等	60						
5	家務(3 小時/天，7 天/週) 煮飯、清潔、熨衣服等	126						
6	項目： 收拾屋子(8 小時/週) 假期計劃 學習跳舞(2 小時/週)	48 4 12						

續表

	時間共計：6 週×16 小時／天 =672 小時	所需時間 （小時）	2 月 18 日	2 月 25 日	3 月 4 日	3 月 11 日	3 月 18 日	3 月 25 日
7	家庭／丈夫（2 小時／天）	84						
8	社交生活／朋友（6 小時／週）	36						
9	遛狗（1 小時／工作日）	30						
10	自己的時間／休閒（2 小時／天）	84						
	合計	876						

 心得欄 -

- -

- -

- -

- -

- -

第 三 章

有效地使用工作時間

1

要對時間進行設計管理

　　我們是主動支配時間，還甘心被時間支配？做時間的主人，還是做時間的奴隸？為了提高做事的效率，經理人應該努力掌握自己的精力週期，合理安排與運用不同的工作時間，爭做時間的主人。

　　時間最突出的特點就是不可逆轉，要想駕馭時間，必須對時間進行規劃，做自己時間的設計師。對不同時段的規劃可以分為三種：整體時間的設計管理、階段時間的設計管理、短時間的設計管理。

作為職業經理人，應該及早規劃好自己的時間段。

1. 整體時間的設計管理

整體時間的設計管理，即把某一事物全過程的時間作為對象進行全面規劃、統籌安排使時間的設計和運用趨於合理化、科學化。對於整個計劃，應該當作一個整體來設計管理，合理安排工作期限，運用科學的管理方法，如使用網路計劃法，實現整體效果最優。例如，申辦運動會之後，就要開始對運動會的全過程進行時間動態管理。

擁有成功的人生應該把人的一生當作一個整體來運作，從童年、少年、青年、壯年到老年進行全面規劃。在整個生命週期中，合理地開發自己的智力和創造力，不失時機地實現自己的人生遠景目標。

2. 階段時間的設計管理

階段時間的設計管理，就是針對整個時間區域的某一階段進行的設計和管理，一般以月、年或幾年為時間單位。與整體時間的設計管理相比，階段時間受整體時間設計的指導，但比整體時間的設計更具體。

人生有 5 個黃金時段：第一個在 15 歲左右，是學習智力開發最佳時段；第二個在 20 歲左右，是才智增加最佳時段；第三個在 30 歲左右，是成才成功最佳時段；第四個為 45 歲左右，是成功巔峰時段；第五個為 65 歲左右，是人生二次創業最佳時段。

3. 短時間的設計管理

短時間的設計管理，一般以小時、天、星期為單位，是最具體、

見效最快的，是整體時間設計和階段時間設計的基礎。短時間的設計管理要考慮自身的精力狀況如何，力求準確把握時間，合理運用不同的時間類型。

　　無論整體時間的管理設計、階段時間的管理設計，還是短時間的管理設計，都應該以效果為導向。職業經理人要合理安排時間，創造高效的人生，應該對自己的時間進行系統的管理設計。

　　拿人的一生來說，就有一個整體時間設計和管理的問題。假設人生為 80 年，一生有：

365 天×80 年=29200 天

24 小時×29200 天=700800 小時

60 分鐘×700800 小時=42048000 分鐘

60 秒×42048000 分鐘=2,522,880,000 秒鐘

　　對於 2,522,880,000 秒鐘，許多人會草率地認為反正數字很大，不用整體設計和管理。其實，進行設計與否會產生截然不同的兩種效果。應該把一生的時間當作一個整體來運用，對人的一生，從童年、少年、青年、壯年、老年等整個人生的各時間階段，進行全面的規劃，合理開發自己的智力，不斷提高自己的能力，不失時機地實現自己的人生目標。

2
為什麼你能完成更多的事情

‧‧‧

　　這個列表在這裏重新製作了。這次多了一欄說明如何使用你已有的技能，如何克服上次讓你失敗的事情。

我無法做更多的事情，是因為：	你能做些什麼？
1.總有人打擾我，我無法按預期的計劃完成	‧ 每天作計劃，把當天要做的事情寫在一張列表上。把製作列表當作每天的第一件事或前一天的最後一件事。 ‧ 用紅色時間和綠色時間來分配你的一天，如果它管用的話。 ‧ 用從 A 到 D 的標記把列表分類。 ‧ 做所有的 D 和 A。 ‧ 當你選擇一個項目去做時，在做完之前，不要有任何中斷。
2.人們總是來讓我幫忙	‧ 不要幫助他們。 ‧ 寫一個常見問題表。 ‧ 禮貌地告訴他們在手冊裏可以查到。
3.我試著把小事處理完再專心做重要的事情：但我發現我已經沒有足夠的時間做重要的事情了	‧ 反過來做。你需要保證做完重要的事情。所以： 瞭解那些是重要的事情，這些事情將是你每天列表中的 A。 ‧ 當你選擇 A 中的一個項目去做時，在做完之前，不要有任何中斷。

續表

我無法做更多的事情，是因為：	你能做些什麼？
4. 沒有多餘的資源	· 把能做的事情與現有資源相匹配。 · 使用時間卡算出那些資源可以利用，即，有多少人、多少時間。 · 用計劃列出所需的資源，即所需的工作量（不是持續時間）。 · 然後把這兩項匹配。這是一道數學題，也是把它展示給你的老闆和其他利益相關者的方法。
5. 我的部屬被其他項目調走了	· 如果是這樣的話，它是你的項目中的巨大的改變。肯定沒有通過急救措施和做更多的工作來處理這件事。
6. 我覺得沒其他選擇，這就是我已經處理的東西。就像諺語說的那樣：「既來之，則安之。」	· 這本書中充滿了可以使你擺脫困境的選擇，如果你去選擇，它們會對你有效果的。唯一需要做的事是你去選擇。
7. 我一直在處理緊急事件（「急救」），而不是在計劃	· 你到底為什麼要做這件事？你的生活將會變得簡單得多。
8. 我不知道怎麼適當地組織和計劃項目	· 但如果你讀了第 9 章，你就會了。
9. 工作接踵而來	· 當然是這樣的。有些事根本就不必去做。有些事情比其他事情更重要。 · 通過優先化你的列表和讓你的老闆和其他利益相關者同意這些優先的事情來確認什麼是重要的。 · 然後去做這些事情，把其他的事情擺在一邊。 · 確保當你做這些事的時候作好計劃以便節省大量的時間。

續表

我無法做更多的事情，是因為：	你能做些什麼？
10.我完成的工作越多，交給我的工作也越多	・為什麼因此而大驚小怪？ ・讓老闆和其他利益相關者同意事情優先排序。 ・如果同意了，就去做。 ・如果沒同意，就把它放在一邊。 ・確保當你做這些事的時候作好計劃以便節省大量的時間。
11.我沒有先做最重要的事情	・多傻啊！你應該知道什麼是最重要的事（知道並認同你的優先排序）。 ・做這些事。 ・在做之前作好計劃，這樣可讓你做最少的工作。
12.在缺少解決問題的時間——當你快被鱷魚吃掉的時候，很難排乾沼澤裏的水	・為什麼不做這件事？記錄你處理這個問題所用的時間，如一週以上。 ・現在算出你徹底解決這件事所用的時間。 ・你從這個算術題中學到了什麼？
13.我覺得我不會說「不」	・你會的！ ・你需要再次練習
14.我只是有太多的事要做	・天那，每個人都這樣！這本書就是關於處理這些事情的書。學到了這些技能，然後去應用它們。
15.我總是先做別人的事，可自己的事還必須自己來做	・你不會再這樣做了，對嗎？ ・和老闆及其他利益相關者確認你的優先排序。 ・然後做這些事情，把其他事情放在一邊。
16.我有一個時間管理系統，但我沒有使用	・真的嗎？那是一個好主意，因為……
17.來自上級的要求	・他們或者調整了你的優先順序或者沒有調整。 ・如有必要，和老闆/其他利益相關者/上層管理者闡明這些要求是否是你優先事情的一部份。 ・然後採取相應的行動。

續表

我無法做更多的事情，是因為：	你能做些什麼？
18. 人們不檢查我的工作能力	· 為什麼他們要那麼做？你確定那不是你的工作嗎？ · 假使他們應該那麼做，向他們展示你的時間卡。
19. 我沒有用足夠的時間來作計劃	· 你難道不是一個大傻瓜嗎？如果你用足夠的時間來作計劃，你的生活將會容易得多。
20. 我沒自覺執行時間管理計劃；我執行了，但總又回到老方法上去	· 這真是一個不錯的想法，不是嗎？
21. 我沒有總是先做最重要的事	· 但你現在會了，是嗎？
22. 我的工作被不斷地改變和提出新的要求	· 但如果老闆和其他利益相關者同意優先排序，你就不會有在你的時間裏不斷產生需求變化的問題了。 · 我們都會經歷在一段時間裏有不斷的要求向你提出來。
23. 組織的文化	· 組織的文化就是組織裏的人的文化，而不只是首席執行官(CEO)或高級主管的文化。如果你改變你的行為，組織的文化也隨之改變了。
24. 不是總有可以幫忙的人	· 所以當他們在的時候，訂立你的計劃。如果有人問為什麼事情拖了這麼長的時間，你就說因為不是總有可以幫忙的人。讓他們看計劃中的數字(要完成的工作量)和供應(可以用於工作的人和時間)。
25. 商業的本質——事情不斷變化，我不得不去適應	· 所有的事情都在不斷地變化，但你通過改變優先順序來適應這些變化。 · 如有必要，每次事情改變了它的優先順序時，去和老闆談並改變你的優先順序。 · 如果事情的優先順序改變得特別快，它可能不是優先要做的事，那它實際上肯定是一件非常有趣的事。

	·好了，你不能改變工作的進展，但你能保證你要做的工作(需求)符合你的工作的可用資源(供應)。用一張時間卡把這件事告訴老闆和利益相關者。
26.沒有其他人做這件事情	·不是你的問題。 ·用一張時間卡表明需求和供應。 ·用它去得到更多的人。 ·然後確認要完成的重要的事情，把其他事情擱置一邊。
27.我不能改變我的老闆	·你已經盡力了，對嗎？ ·你已經努力展示你的時間卡了，是嗎？ ·即使這是真的，但你能改變你自己和你的行為。
28.項目通常十分緊急	·是的，那又怎樣？ ·無論是否十分緊急，作好計劃然後告訴利益相關者你所能做的事情。
29.缺少額外的資源	·不是你的問題。 ·用一張時間卡表明需求和供應。 ·用它去得到更多的人。 ·然後確認要完成的重要的事情，把其他事情擱置一邊。
30.我沒有和老闆解釋這個問題	·為什麼沒有？確認你有數字，把它展示給她，然後做你的事情。
31.我沒有盡力去解決這個問題	·但你現在要這樣做了，是嗎？
32.我需要量化這個問題	·你有做這件事情的所有工具

3
善用一天 24 小時

「掌握自己的時間」，意思就是要過得充實、愉快。其真實含義，就是要更好地體驗生活。為此目的，無論你怎樣為自己設定目標，也無論你怎樣為自己訂立時間表，只要你以自己的風格來管理自己的時間，每一天都能構成你真正生活的一部份。

每個人一天都擁有 24 小時，只要能夠充分把這 24 小時利用好，你就能產生許多意想不到的收穫。

有一件事情是應該做的：每天睡覺前做好次日的工作計劃。用一張紙羅列次日要做的事情，通常根據要緊程度列出來排個序，次日一件件來做，每做完一件便做上標記。每天做完當日的事情，然後晚上再計劃下一天的工作，長此以往，日復一日。

每個人在一天中都有自己精力最為集中也最為旺盛的時間段，在這段時間裏做事情的效率非常高，而且有許多難事在這段時間裏面也似乎不是難題，似乎水到渠成地就解開了。我們都期盼我們能 24 小時或者 1 小時精力充沛，但是我們不是超人，不可能每天有這麼長的時間保持旺盛的精力。據科學研究，一般人每天的精力旺盛時間也就在 2 小時左右，所以我們要找到自己的精力時段，用好這

兩小時。要用好這兩小時，無疑是要把對於目標來說最為關鍵的事情安排在這兩小時。

晚上睡覺前，你第二天的計劃準備好了嗎？每天都要堅持你的計劃。因為，沒有計劃的工作，效率實在是太低了。

寫下你第二天要做的事情：要打的電話、要會見的人、要執行的任務等與工作有關的事情。在把你生活中的屬於其他類別的重要事情添加在單子上。寫完之後，把單子放好，忘掉它，開始抓緊時間睡覺。

第二天早晨，吃早餐的時候再流覽一下你的索引卡或電腦檔案材料。一天中要做的都是這些類似的決定。

要不斷地堅持自問，你當時所做的事情是否最有成效。這是你必須要做的事情。訓練你的思維，使大腦整天重覆這個問題。還可把你的活動寫在卡上，如果有口袋就放在口袋裏。總之，無論如何，使這種思維成為一種習慣。

可是，繁忙的工作和生活，會有許多需要你急著處理的日常事務，想要把這些事務處理好，不妨參考一下下面的幾個方法：

1. 建立台賬法

在工作中建立必要的台賬，使雜亂無章的事務性工作從無序走向有序，是處理好各類事務的一種有效手段和基本方法。目前，隨著電腦的普及和推廣，可運用辦公自動化手段，借助數據庫管理軟體，分門別類地建立人事檔案、工資福利、車輛管理、值班記錄等多種台賬。當一次性錄入數據後，只要平時做好數據的管理、維護和更新，就能在需要時及時調用，做到有備無患、高效快捷。

2. 觸類旁通法

日常性事務雖然瑣碎，但是又是有章可循的，我們要通過對具體瑣碎事務的處理見微知著、舉一反三，給事件分類，取得更多的工作主動權。

3. 綜合處理法

在日常工作中，將事務性工作按照輕重緩急進行排列，優先處理重要的事和急事，對一些不重要、不緊急但又必須辦的事務，採取合併同類項的方法有計劃地進行處理，可以收到事半功倍之效。

4. 授權委託法

在特殊的情況下也可將一些常規性事務工作委託其他人員處理，以集中精力處理難事。例如，可把文件複印、裝訂等簡單的操作性事務交打字員完成，等等。

善用一天 24 小時，有一些技巧固然重要，但更重要的是懂得如何去善用？從那些方面入手？

任何一個人，他不管再如何去節約時間，他的精力都是有限的，想要面面俱到，事事俱備，是非常不現實的。在處理事情的時候，最好的方法就是能夠集中自己的精力，一次只幹一件事，並把它幹好。

趙強剛剛擔任一個部門的高級主管，每天從早到晚都紮在工作堆裏，堆積如山的文件使他寢食不安，整個人都處在崩潰的邊緣。為此，他決定向升為經理的前主管取經。

來到經理辦公室的時候，趙強看到經理正在接聽電話，從談話的內容來看，是下屬在請示工作，這位經理很快地給對方的工作進

行了指示。放下電話的瞬間，他又很快簽署了秘書剛剛送進來的文件。接著又來了客戶的電話詢問，經理又迅速給了回覆，當經理終於處理完手頭的工作的時候，停下來問坐在一旁等候的趙強有什麼事情。趙強站起來說：「本來我是來請教你怎麼才能擺脫忙碌的，現在我知道答案了。你總是會把手頭的工作處理好才做下一件事，而我卻總是停下手頭的工作來應付突發狀況。所以你的辦公桌上乾淨整潔，而我卻整天埋在成堆的文件裏。把將來的事情放到一邊去，先處理現在的工作才是與忙碌告別的最好方法。」

一個人的精力是有限的，把精力分散在好幾件事情上，不是明智的選擇，也是不切實際的考慮。在這裏，我提出「一件事原則」，即專心地做好一件事，就能有所收益，能突破人生困境。這樣做的好處是不至於因為一下想做太多的事，反而一件事都做不好，結果兩手空空。做事有明確的目標，集中精力，專心致志地朝著自己的目標努力，不僅會幫助你培養出能夠迅速作出決定的習慣，還會幫助你把全部的注意力集中在一項工作上，直到你完成了這項工作為止。而在做一件事情的時候最容易干擾現在的就是將來要做的事情，所以要專心於一件事情，就要把將來的事情放到一邊去。

一次只做一件事，心無旁騖，一心一意地投入並努力促使其成功，這樣你就不會感覺精疲力竭。設法阻止你的思維轉到別的問題、別的想法上去，專心致志做你已經決定做的那個重要工作，放棄其他的事情。瞭解你在每次任務中所需擔負的責任，瞭解你的極限。如果你把自己弄得筋疲力盡和失去控制，那你就是在浪費你的效率、健康和快樂。選擇最重要的事先做，把其他的事放在一邊。做

得少一點，做得好一點，才能在工作中得到更多的快樂。可以看出，專心的力量是多麼的神奇！在激烈的競爭中，如果你能向一個目標集中注意力，專心做好一件事的機會將超出自己的想像。

反之，如果正幹著一件事，逐漸進入佳境，突然又插進另外一件事。於是你放下手頭的事去忙那件事，等到再拾起第一件事，又得重新熟悉……這樣來回折騰，不僅增加了許多冤枉時間，還磨掉了你的創造性，降低解決問題的能力。

因此，只要做一件事，就要一氣呵成做完，至少做到工作告一段落為止。

時間像是海綿，要靠一點一點擠；時間更像邊角料，要會合理利用，一點一滴地累積，才會得到長長的時間。我們每天的生活和工作時間中都有很多零碎時間，如有人約你一起吃中午飯而遲到，於是你只能等待；或在銀行排隊而向前移動緩慢時，不要把這些短暫的時間白白耗掉，你完全可以利用這些時間來做一些平常來不及做的事情。時間又像是玻璃瓶的容量。當你抓一些沙子放進去的時候，玻璃瓶看似滿了，但如果你再往裏面倒一些水，瓶子還是可以容納的。可以看出，玻璃瓶的容量即時間的總量是一樣的，但在這有限的時間裏你能做多少事，即往瓶子裏放人多少東西，對於每個人來說是不同的。有的人只能放進幾塊甚至一塊大石頭，有的人卻能利用空隙放進一些沙子，而最善於利用空間的人卻可以利用被人們忽略的水來自如地控制。當然不能只顧著沙子和水而忘了最重要的石頭，不能因小失大。

4

如何安排工作期限

·······························

　　有些工作是緊急的，有些則可以緩一緩，但是有的工作項目可能涉及很長一段時間，許多管理人員總覺得時間還早，把工作一拖再拖，等到上級催促或是期限將至要求馬上交工時才感到時間的緊迫，結果使一件本來不緊急的工作變為緊急的工作。問題出在那裏呢？主要是沒有合理安排時間。要合理安排時間，就要做到：

1.分析工作性質

　　有些事是比較簡單的，它由一項任務組成，所要做的只是什麼時候去完成它們，這類事的時間安排比較簡單。有些事是由許多個階段組成的，可能在不同的地點，需要與不同的人打交道，在完成不同階段任務的基礎上完成整體任務，整個過程可能要花幾週、幾個月或者更長的時間。這類事可以考慮從最後期限來倒推，以確定各階段的工作期限。

2.運用 60/40 估計法則

　　把任務安排在 60%的工作時間裏，留下 40%的彈性時間處理未納入計劃和不期而至的事情，例如分別利用 20%的時間處理未計劃的事情和突發的事情。對於一個 8 小時的工作日而言，可以規劃的

時間為 5 小時左右，剩下時間為彈性時間。

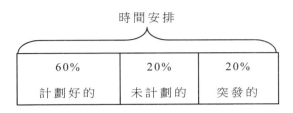

時間安排

60% 計劃好的	20% 未計劃的	20% 突發的

在估計時間時，對做每項工作所需時間的估計都要現實一點。在確定了做每項工作的時間後，再安排一定的彈性時間，也就是要符合 60/40 法則。否則，如果把日程安排得滿滿的，一旦出現意外情況，您不得不拖延，然後不停地追，直到最後筋疲力盡。

3.計算最遲開始日期

計算最遲開始工作日期，即從循環的末尾來進行時間安排。從最後期限日開始，估計每一階段需要花費的時間，標出需要的時間，一步一步確定每一階段的最遲開工日期，並且留給可能發生的偶然情況以足夠的時間，保證工作在要求的時間內完成。這樣就可以推出做第一項工作的最遲開始日期，合理安排工作期限。

下圖是安排工作時間的幾種情況，理想的情況是每一階段都按計劃的天數完成。但是工作中經常出現意外情況，所以中間應加入彈性時間，虛線由彈性時間和正常計劃時間組成。

以上所講是一種實用的安排工作期限的方法，職業經理人應該掌握並靈活運用。

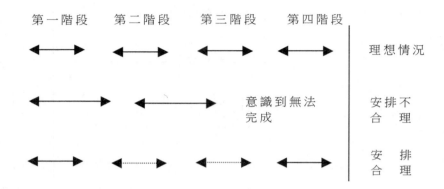

第一階段　第二階段　第三階段　第四階段

理想情況

意識到無法
完成

安排不
合　　理

安　　排
合　　理

　　有一則寓言故事：四個 20 歲的年輕人去銀行貸款，銀行答應貸給他們一筆鉅款，條件是他們必須在 50 年內還本付息。

　　第一個青年想先玩 25 年，用生命的最後 25 年去努力工作償還，結果他活到 70 歲都一事無成，死去時仍然負債累累。他的名字叫「懶惰」。

　　第二個青年用前 30 年拼命工作，50 歲還清了所有欠款，但是那一天他卻累倒了，不久死了。他的遺囑旁寫著他的名字：「狂熱」。

　　第三個青年在 70 歲還清了債務，然後沒幾天去世了，他的死亡通知上寫著他的名字：「執著」。

　　第四個青年工作了 40 年，到 60 歲還清了所有的債務。生命的最後 10 年，他成了一個旅行家，地球上的多數國家他都去過。70 歲死去時，他面帶微笑。人們記著他的名字叫「從容」。

　　當年貸款給他們的銀行叫「生命銀行」。

5
如何認清自己的時間劃分

　　要合理使用時間，職業經理人首先要認清自己的時間劃分。根據時間花費在不同的事情上，經理人的主要時間可以劃分為工作時間、學習時間、家庭時間、休閒時間、個人時間、思考時間等。

　　1. 工作或學習時間

　　時間用在工作上，或為了提高自己的能力用在學習上，稱為工作或者學習時間。其目的是為了謀生以及提高自身的能力，這部份時間是價值和財富的主要來源。

　　隨著全球經濟一體化，現代企業之間的競爭越來越激烈，為了保持企業的競爭優勢，經理人需要不斷學習，提高自己的能力。活到老、學到老的終身學習觀念已經為大家所接受，每個人都必須抽出一部份時間來學習新知識或者熟悉新事物。儘量在工作中尋找歡樂，要善於在枯燥無味的工作中發現能夠引起自己最大興趣的因素，這樣可以調動自己的積極性，從而大幅度地提高工作效率。

2. 家庭時間

家庭時間是您與家人共同度過的時間，家庭是您最佳的避風港，家人與您沒有所謂的利害關係，只有在家人身邊，才能徹底放鬆身心。您要跟家人真心地相處，與家人共度美好時光，不要到了需要時您才回家。

3. 休閒時間

休閒時間指休息、睡眠及參加體育活動等佔用的時間。休息能夠恢復體力，會休息的人才會工作。要懂得放鬆，要養成良好的睡眠、休閒以及運動的習慣，該工作的時候工作，該休息的時候休息，把自己的身體狀況調整到最佳狀態。

4. 思考時間

思考時間就是思考所消耗的時間。思考時間可著重用在計劃自己未來的發展；也可以反省以前自己所做的事情是否正確，是不是值得等；還可以思考如何改進，如何調整，如何讓自己變得更好；不必專門為了什麼目的思考，可以天馬行空地去想像，打開思路；如果發現了一些好的想法，或者是一些好的理念就應該立刻把它記下來。

5. 其他時間

上述時間佔了經理人的大部份時間，除了以上時間，您還有一些時間用於交通、空閒等等。

明確了個人時間劃分情況，您就可以在適當的時間做適當的事，這是提高時間效率的有效途徑。

您知道自己一週的時間佔用情況嗎？根據美國一項調查，對

100 個不同職業的人的一週時間進行統計得出以下結果供您參考：

一星期有 168 小時（7 天×24 小時）

工作	45 小時（8 小時×5 天+加班）
交通	10 小時（2 小時×5 天）
吃飯	14 小時（2 小時×7 天）
睡覺	56 小時（8 小時×7 天）
洗漱	5 小時（包括淋浴時間）
運動	3 小時（1 小時×3 次）
看電視	14 小時
打電話	3.5 小時
購物	2 小時
家務	1.5 小時
瑣事	1 小時
會議	1 小時（與工作無關的會議）
其他	7 小時
總計	163 小時
空閒	5 小時

6

如何瞭解自己的精力週期

....

　　每個人在一天中不同時間的旺盛精力狀況是不同的，其效率也相應的不同，所以，安排時間應該考慮個人的精力週期。經理人如何瞭解自己的精力週期呢？

　　1. 瞭解典型的精力週期圖

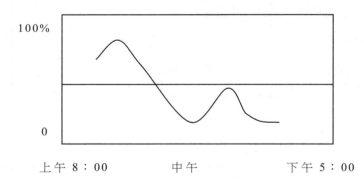

　　如上圖所示，是一個典型精力週期圖的例子，橫軸表示時間，縱軸表示精力狀況。從圖中可以看出，上午的精力充沛，處於一天的最高點，時間管理中通常稱之為精力巔峰。接著逐漸下降，到中午達到最低點，然後逐步回升，但遠低於上午的程度，到下午又有

所下降。另外，每個人的體能週期是 23 天，智慧週期 33 天，情緒週期 28 天。

芝加哥大學心理學家克雷曼研究發現，人的體溫在一天當中約有 3 度左右的變化。當體溫變化時，會影響人的精力狀況。

一般人的精力週期可以分為三種：

⑴晨間型。早上醒來時，身體是熱的，隨時可以爆發出來，全身充滿精力，中午達到頂峰，然後慢慢下降，傍晚時最低。

⑵晚間型。早上不想起床，整個上午漫無目標，表現倦怠，過了午後開始精神煥發起來，快到傍晚時，精力旺盛。

⑶隨時型。這種類型有上述兩種類型的特徵，可以很早進入狀態，中午稍見低潮，午後又精力充沛。

2. 繪製自己的精力週期圖

觀察自己的精力狀況，什麼時候精力充沛，什麼時候精力較低，在下圖中畫出您的精力週期圖。

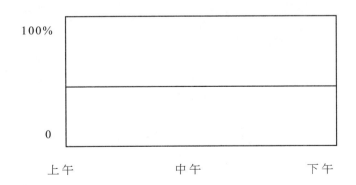

3.在正確的時間做正確的事

把握了自己的精力週期，在一天中最有精力的時候做對自己影響最大的工作，效果必然最好。就好像趁著人生最旺盛、精力最充沛的青年時期去創一番事業。當精力處於低潮的時候，不論是精力衰退或是精神萎靡，都會造成做事效率低下，這時應該做一些不很重要的事情。

瞭解了自己的精力週期，就掌握了自己的效率狀況，就能合理安排工作時間，從而大大提高工作效率。

大衛是美國哈佛大學的教授，曾經到紐約的金融中心曼哈頓去做一個調查，他發現一般在寫字樓內工作的人，在一天當中效率最高的時刻是上午 10：30～12：00，他稱之為「黃金時間」。他在講學和演說時，就強調管理人員要在工作效率最高的「黃金時間」處理最重要的公事，這樣可以做到事半功倍。

近來，某些國外公司已開始實行自由上班制度，但是，公司必定會設定某個時間帶，要求所有的員工同時在公司內工作，在這段時間內，大多數員工的效率最高。

7

瞭解自己的效率型態

「想要提高工作效率，工作的律動是非常重要的」，善用「生活的節奏」也具有同樣效果。換句話說，在最充滿活力的時間內處理最重要的工作，而在效率比較差的時間解決一些較不重要的工作，我們的生活時間裏都有一些節奏，應好好加以活用它。

這麼說，你或許會認為「這本來就是如此，如今又何必大作文章呢？」但是，經過觀察結果發現，大多數的人都在精神最好的早上的時間，處理一些信件或對帳或昨天剩下來的工作等較平常的業務，這麼一來等到要處理一些重要的創造性的工作時，腦子不是早已變得遲鈍不靈光了嗎？

人的精神與肉體效率，每天都有週期性的變化。一天當中有效率最高和最低的時候。而這效率的上升和下降，每天大概都在同一時刻發生。這就是所謂效率的型態。一般而言大部份的人大致在早餐後 1 小時達到頂點，之後效率漸漸遞減，到了下午 4 點最低，晚餐後又稍為上升，然後再慢慢下降。

但是除了上述的平均型態之外，也有所謂的早晨型和夜晚型等極端的情形。

那麼應如何去瞭解自己的效率型態呢？

有人利用下列的方法。

就是採用點數制。首先，當感覺工作非常順暢時給予 10 分，覺得不如所願時就給負 10 分等。而針對「相當有效果」、「普通」、「效果不怎麼好」等分別給予點數。

其次他又準備一張方格紙，在中央劃好線，上下設定一定的刻度，根據點數在表上做好記號。連續數週做這樣的記錄下來，可以發現連接各點的曲線，每天都呈現相同的曲線出來。從這個效率曲線判斷，他比別人慢半拍，在上午 10 點才到達效率頂點，而最低的時候是在下午 5 點左右。由於他瞭解這一個趨勢，便可以配合自己的型態，改變自己工作的方法。

如果達到效率頂點的時間較慢，也可以像下面將要說明的一樣，趁早晨淋個浴，泡個澡，或者也可以做個 20 分鐘的柔軟體操。利用這些方法，可以使體溫升高，效率週期也可以提早。

心得欄 _____

_____

_____

_____

_____

_____

8
效率週期可以提早

效率週期可以提早也可以變慢。只要依照以下的方法即可。

⑴首先，連續兩週至三週，將自己的效率記錄成圖表，判斷自己的效率型態。

⑵提高體溫，以便提高效率，可以利用早晨的時間淋個溫水浴，或泡個澡。也可以做 30 分鐘的柔軟體操。如此一來，可以使體溫升高，進而使整個效率週期提早。

⑶不要把早晨效率高的時間拿來看報紙或聊天等無謂地浪費掉。上班通勤時，也不要把時間浪費於看體育新聞，應從事一些計劃性的閱讀或檢討工作計劃等創造性的活動。

⑷頭腦最靈活的時候就是從事最重要的工作的時候，針對此，某一效率研究專家做了以下幾點的建議。

①效率高時應做的工作——

a.重要問題。

b.一般重要事項之討論與連絡。

c.創造性的工作。

②效率普通時應做的工作——

　　a.公司內的商談與會見來客。

　　b.有關日常業務的桌上工作。

　　c.閱讀經營雜誌或資料。

　　d.排定日後的工作計劃。

　　③效率低時應做的工作——

　　a.閱讀送來的信件。

　　b.針對日常業務與訪客面談。

　　c.打電話。

　　而在此希望特別注意的就是，嚴格限制超乎自己能力的提高效率。就如同把一匹拉車的馬當作是比賽用的馬使喚，不久隻會滿身泥濘，上氣不接下氣。但是如果能夠保持自己的步調，則拉車的馬便可以拉動連比賽用馬都無法拉動的東西。

　　所以，如果你也是超出自己能力去蠻幹，則不管是精神上或身體上都會產生疲勞。

　　長距離跑者不能像短距離跑者一樣全力衝刺。他必須隨時保持一定的步調。同樣地，為了提升最大效率，必須時常把自己的精力保持在最佳的狀態。

9

掌握你的最佳工作時間規律

　　醫學研究人員證明，人的血壓變化有一種日節律。人的血壓大約在深夜 3 點鐘時降到最低點；早晨 5 點鐘又開始回升。心臟病發生最多的時間，是從早晨 6 點鐘到上午 9 點鐘這段時間。

　　對動物進行的實驗表明：人在一天的中間喝醉酒需要的酒量要比睡覺前幾小時所需要的酒量小很多。

　　如今，人們都已經熟悉時差這種現象了。當人們從一個時區飛到另一個時區時，他的身體系統便遭受到某種衝擊。例如，乘飛機到紐約，一個人大約需要 3 天的時間才能使身心恢復正常；然後，逐漸達到精神活動的高峰。許多從事緊張商務談判的管理，現在已經習慣性地完成工作之後安排一些休息時間恢復時差，以便開始新的工作。

　　從一個工作輪班換到另一輪班的員工也有類似的時差感覺。日程的突然變化，攪亂了他們的正常生理節律——體溫變化、血壓升降和激素分泌的週期。在一項由政府主持的研究項目中，臨床心理學家唐約德‧塔斯托發現，人們在自己感覺不適的時間裏工作會嚴重損害身心健康。剛從一個輪班換到另一個輪班的工人的事故發生

率和酗酒率較高、上醫院看病的次數較多、腸胃消化和睡眠有問題的人數也多。除此而外,他們對個人和家庭生活也不太滿意。

有關生物節律理論的爭論還在繼續。實驗證明,人們一般在節律週期的高峰階段工作最出色,在低峰階段工作效果就差。每個生物週期的中間一天效果最不理想。

據相關生物節律理論的人說,在一個具有「雙重危機」的日子裏,也就是當兩個節律週期同時處於中點時,事情絕對辦不好。在一個具有「三重危機」的日子裏,也就是三個節律週期同時處於中點時,所有的地獄便敞開了大門。尚可慶倖的是,這種情況每年大概只有一次。

雖然這種奇怪的生物節律理論並不像算命術那樣經得起推敲,但這並不能否定有關生物鐘理論各種發現的合理性。這裏有一項人的性行為的有趣研究。

男人在一天中的什麼時間處於性興奮高峰?女人是否與男人處在同一時間呢?科學家們掌握的男人性興奮高峰與激素分泌水準和體溫密切相關的事實說明,大多數男人的性興奮高峰在每天的早晨。婦女也大多在淩晨處於性興奮高峰。儘管存在這種客觀的生物事實,大多數人仍習慣於夜間的羅曼蒂克生活。事實上,晚上睡覺前與情人做愛是最壞的時間。無論從精神和體力上講,一天忙碌之後,男女雙方都很難在晚上給予或接受對方的性愛。

可以把效率高峰期的概念引進人的工作生活。有些人同意詩人W·H·奧登的詩句:「晚上 9 點鐘以後無成功之事。」

有位哲學家曾說過:「如果白天的時間不夠長,就把你的快樂放

到夜間。」看來，無論你是一隻夜間的貓頭鷹，還是一隻黎明的百靈鳥，行為只是新陳代謝的一種功能。

　　管理者應當使自己的工作習慣與自己的生物節律保持一致。如果你適合在下午工作，就不要把主要工作任務放在上午去做。如果你是一個像佛蘭克林斯科那樣喜歡早睡早起的人，最好把最困難的工作安排到一上班的前幾個小時裏去完成，而不要把工作拖到晚上去幹。你在與自然生物節律傾向做鬥爭方面花費的能量越多，可用於完成工作任務的精力就越少。

　　作為管理者就應當掌握自己和他人能夠完成工作任務的最好時間和最差時間。社會心理學家的研究證明，這一點非常重要。假如，你的下屬工作做得不好，你需要坐下來與他進行交談，並且直接地向他指出來。什麼時間最好呢？也許你認為最好的時間是在一天結束的時候。這樣做，可以讓他把問題帶回家，用他自己的時間考慮如何解決存在的問題，而不浪費公司的時間。這種做法雖然有點玩世不恭，但也導致了一項重要的人性發現：人們在吃東西之前脾氣特別不好。

　　各種動物也是如此，當你拿出食物逗引狗之前，會出現些什麼現象呢？它們要麼抓搔、咬叫，要麼做出各種怪樣子。把這種觀察推進一步，社會學家又發現，大多數家庭吵架的現象發生在吃飯之前。這樣，在一天工作結束之前直接地指出和糾正家人的缺點看來是最不恰當的。這時候對下屬的批評，會使他面子上難堪、精神上受到打擊，你也會遭到強烈的反對。這種批評如果放到一天中的其他時間，就會減少或避免出現上述情況。然而，糾正下屬過錯的最

佳時間是在午飯後。這時，人們吃飽了飯，有助於雙方保持禮貌的態度和謙虛的精神。

什麼時間給下屬分派新任務最合適呢？在工作時間裏，一項一項不停地向下屬分派工作的方法效果最差。如果你分派給下屬的第一項任務在 9 點鐘，另一項在 10 點，第三項在 11 點。這會使下屬覺得他們在踢印度足球，你也好像在有意捉弄人。然而，分派工作的理想時間是在一天結束的時候。這樣做，可以使下屬做到心中有數。第二天早上一上班他們就知道該幹什麼。

同樣，籌劃某種計劃的最佳時間也在下午臨近傍晚的時候。這裏有個「適時」的概念。如果你在上午 8 點半計劃一項要在 9 點著手的工作，你只有半小時的準備時間。顯然太匆忙了。如果你把籌劃一項計劃的工作放到下午 4 點半，集中半小時時間做好它。你就可以得到 16 個小時準備工作的好處。因為這樣做，會使你下班後有意或無意地反覆考慮你的計劃，並適當地改進它。次日上班時，你的計劃就會更成熟更完美了。

這樣做絕對不是讓計劃在你吃晚飯、看電視或準備睡覺的時候也折磨你，而是讓你在回家之前基本做好明天的計劃，了結一件心事，使你不必再念叨「我還要準備明天 9 點鐘的會議，」這類心事。晚上，你也可以睡個安穩覺。

下午時間安排明天的計劃，還可以保證你充分進入心理學家所說的精神「閉鎖」狀態。你把下一天的計劃和組織準備工作放在頭天的下午搞好，下班時你也就能夠放下手中的工作放心地離開公司。事實上，人的下意識心理還會讓你以一種輕鬆的創新性精神繼

續考慮自己的計劃。從這個意義上講，精神閉鎖和適當的準備過程是互不矛盾的兩個原則。

心得欄

10
如何運用不同的時間
....

　　根據自己的精力週期，我們可以把一天的時間分為：首要時間、大塊時間、零碎時間、固定時間、彈性時間、交通時間、安靜時間。職業經理人應該學會合理運用不同的時間段。

1.首要時間

　　首要時間指每天早晨的那段時間。一日之計在於晨，這段時間可以安排跑跑步，參加鍛鍊，或者做一些重要的思考，為一天的工作奠定良好的開端。

2.大塊時間

　　大塊的時間一般在兩個小時以上，每天應該用大部份時間，也就是大塊時間完成當天重要的事情。有些經理習慣於分散安排大塊時間，因為他們覺得這樣安排比較輕鬆愉快。

3.零碎時間

　　零碎時間比較短，看起來不重要。但如果積累起來，每天利用一點零碎時間，可以完成一些小事情，堅持下來，必有可喜的收穫。例如，看看報紙，聽一下與所從事行業有關的經濟新聞。

4. 固定時間

如果您覺得某項工作在某個時段進行效果最好，可以把做這種工作的時間固定下來，稱為固定時間。例如，許多保險公司都要開「早會」，可以稱為早會時間。

5. 彈性時間

並非每一項工作都是在原計劃的時間內完成，在兩項工作之間應該安排預留時間，即彈性時間。彈性時間作為計劃時間的補充，來彌補以前沒有完成的事情，或者彌補被干擾佔用的時間。

6. 交通時間

一般人都厭惡交通時間，住在大城市裏的人更是深受其害。利用交通時間可以有兩種方法：一種是利用逆勢操作法；另一種是在長時間的交通不可避免的情況下，利用交通時間讀讀書、思考問題，充實自己。

7. 安靜時間

在安靜時間，頭腦比較清醒，可以回顧一下自己的工作情況：我完成了什麼？下一步做什麼？職業經理人應該有意識地在自己的部門裏培養一段安靜時間。

一般情況下，上午精神處於最佳狀態，屬於大塊時間，集中精力做最重要的事，儘量避開一般性的會議；下午可以參加一些會議，因為這時精力開始下降。

熟悉了上述不同的時間，就應該合理運用到工作、生活中，這將大大提高您的辦事效率。

美國《財富》雜誌曾經報導過高級主管緊張生活的實例。高級

主管一天是十分忙碌的，一個接一個會議，電話不斷，很多時候甚至吃飯時都有人給你彙報。這叫早餐彙報或者午餐彙報，這些高級主管們，既要有宏觀眼光思考公司的長遠戰略，又要聚精會神地盯著公司的瑣事。

　　報導指出：時間管理實際就是做決策，決定那些事情重要，那些事情不重要。例如前任惠普總裁格拉特，他把時間管理得很好，有什麼秘訣呢？原因在於格拉特把時間劃分的清清楚楚，花 20%的時間和客戶溝通，35%的時間用在會議上，10%的時間用在電話上，5%的時間用來看文件，剩下的時間用在和公司沒有直接或間接關係，但卻有利於公司的活動上，例如接待記者採訪，參加總統召集他們參加的有關貿易協商的諮詢委員會等。時間的合理運用是他取得成功的重要保證。

心得欄 ------------------------------

11

如何有效利用零碎時間

··

　　多數人不會浪費大塊時間，並且在大塊時間內集中精力工作，被忽略的常常是零碎時間或者空閒時間。如果合理利用這些時間的「邊角料」，同樣能夠發揮作用，產生巨大的生產力。職業經理人可以這樣做：

1. 學習專業知識或技能

　　如果您希望進一步提高自己的能力，可以參加一些培訓、進修班。在保證正常工作的情況下，不失時機為自己「充充電」，為日後的發展做好準備。能力提高了，工作的效率也會相應提高。

2. 瞭解有關經濟資訊

　　利用零碎時間，閱讀一些與所在行業有關的報紙、雜誌，或者聽聽相關廣播、經濟新聞等。這是一種休息，同時對於保持自己與外界的資訊溝通是相當重要的。我們常常見到，資訊靈通的人通常是精力充沛的。

3. 利用約會空檔時間

　　出席會議、參加重要談判時，應在約定時間前半小時到一小時之內到達目的地，而這段時間屬於空檔時間。提前到達時，可到咖

啡廳或其他安靜的休閒場所，做一些工作上的準備、處理雜務、理清自己的思路等等。

4.整理辦公室

檢視一下您的辦公室，把那些沒用的文件、舊書或過期不看的雜誌以及其他佔用空間的垃圾都扔掉，清理一下辦公桌和抽屜，如果需要的話，把辦公室的擺設換一下，使辦公室煥然一新，這樣更有利於提高效率。

要做時間的主人，妥善安排時間，即使是零碎時間，10 分鐘、半小時也不輕易放過。掌握所有空閒時間加以妥善利用，一天學習一個小時，一年就能積累 365 小時，化整為零，時間就被征服了。

不要忽視零碎時間，積少成多，合理利用零碎時間，將使您的業績百尺竿頭，更進一步。

愛因斯坦非常善於利用零碎時間。1914 年，愛因斯坦應物理學家普朗等的邀請，回到柏林擔任「威廉物理研究所」所長和「普魯士科學院」院士。一般新當選的院士要拜訪 50 位老院士。

愛因斯坦聽說心理學家施都姆普夫對人類空間有研究，就決定去拜訪他。愛因斯坦上午 11 點到達，女傭人告訴他，「主人不在家，要不要留話？」愛因斯坦說：「不用了。」就到院子裏散步，邊走邊思考問題，不覺過了 3 個小時。下午 2 點愛因斯坦又來敲門，女傭說：「主人在睡午覺。」愛因斯坦一點也不急，又到院子裏去做公式演算，下午 4 點，愛因斯坦才走進心理學家的門口。雖然整整等了 5 個小時，愛因斯坦卻一點都沒浪費時間，全部用在了自己的研究工作上。愛因斯坦可謂是利用零碎時間的高手。

12

如何使用 AD 法則安排時間

人不是機器，工作久了總會感到疲勞。使用 AD 法則（交叉輪作法），安排工作時，可以盡量減少疲勞度，提高效率，所以，職業經理人應該掌握 AD 法則。

A(Analog，連續)D(Digital，分段、數位)法則就是先區別各種工作的性質，然後納入「連續——分段——連續——分段」的工作模式。即每隔一段時間，通過更換工作環境和工作方式，讓大腦保持新鮮感，充分利用間隔或空擋的時段，創造出更多可以利用的時間。我們可以將這一原理廣泛地應用於工作中。

AD 法則根據人腦左右兩半球有不同的功能，把工作分為連續與分段進行。大腦左、右半球的功能如下表：

左半球	右半球
邏輯	想像
分析	節奏
文字與表達	音樂
線性思維	色彩
數字	關聯性思維
分類和程序	空間感
考慮週到	實際

1. 按體力與腦力交替分配時間

學習、工作應該與鍛鍊相結合，工作之餘，到室外散散步、打打球或太極拳，或到公園慢跑十來分鐘。

2. 按形象與抽象分配

時間在工作中，可以按照形象與抽象來分配時間，來緩和大腦的疲勞程度，例如進行一段時間的抽象學習後，在企業內拿一個具體例子來驗證學習的效果。

3. 按動靜交替分配時間

讀報告花了很長時間，感到疲勞了，可以在房間裏走走，到陽台呼吸一下新鮮空氣，效果將得到明顯改善。

4. 按研究問題的不同角度分配時間

同樣一個問題，如果一味地用一種方法思考，可能得不到好的答案，換一種角度，換一種想法，您可能就能找到滿意的解決方法。

5. 按工作和娛樂休閒分配時間

在緊張的工作間際，可以看看電影、聽聽音樂、跳跳舞，甚至適當的遠足旅遊，這些對於放鬆緊張的大腦皮層，鬆弛神經，消除疲勞，提高工作效率是大有好處的。而且，在娛樂休閒中，不只消除了疲憊，甚至可以獲得某些重要啟示，產生驚人的創新方案。

AD 法則是一條實用的法則，職業經理人應該掌握這條法則並應用於實際工作中。

第四章

如何使用時間日程表

1

為何需要時間進度表

「每天一早就排定一天的時間進度表,而能照此實行的人,就是能夠有效運用時間的人。而毫無計劃、苟且渡日的人,則只會使自己生活混亂罷了。」

這句話並非出自於經營管理顧問或時間研究的專家的口中,而是 19 世紀有名的作家匹克特・由果所說的。這句話出現在現在一般人口中所說的計劃、時間進度表之前,因此可知這種想法早已被人

反覆地傳頌著。

　　而為何要特別把這些提出來說明，就在於所謂計劃或時間進度表等，對於時間的節省是非常重要的。

　　那麼計劃和時間進度表到底有何差異呢？所謂計劃乃是對有關工作之所有事情以長期的觀點來透視，而時間進度表則是針對現在的問題，如明天或後天的工作如何處理等，是一種每天的計劃。

　　在這世上有很多人埋怨工作太多，往往這些人就是最不懂得如何擬定時間進度表，也不整理一下日常的工作，常被瑣碎的事情壓得喘不過氣來。

　　沒有人會認為自己所從事的工作是一件非常無聊的事，但是以客觀的眼光來看，是否乏善可陳一看便知。這就像別人在做無聊的事情時，自己馬上便能發覺出來。

　　以客觀的立場來看自己工作的另一個方法就是，把自己的工作量分成絕對需要與不太需要兩種，並且衡量花在各工作上的時間。如此一來，便會發現為何去從事不必要的工作之兩點理由。也就是：

　　①喜歡。

　　②雖然不喜歡，但變成習慣了。

　　例如，喜歡埋沒在辦公桌的人，儘管還有其他應該做的重要工作，但仍熱衷於坐在辦公室裏。如果只要能夠仔細地擬定時間進度表，或者能委託給他人的工作就把它交給別人，這樣便可輕易地節省不少時間。

　　擬定時間進度表最簡單的方法就是，把當天應做的事情一一列出，擺在桌上，等每做完一件就用筆劃掉，從表中刪除。但這種方

法太過原始了，應有必要對擬定時間進度表之問題點深入研討。

　　要想擬定良好的時間進度表，首先你必須將你的工作再一次好好檢討一番。難道這些工作一定需要自己親自去做嗎？如果非自己不可，那麼如何在最短的時間內完成呢？

　　針對這個問題，大多數的人都會說，我當然是以最少的時間完成工作。但是希望大家仔細想一想，真的是在最少的時間內完成工作嗎？

　　假如你得了心臟病，一天當中只有四小時能夠工作，那你會如何改善你從前的工作方法呢？難道就認為再也無法工作而放棄嗎？

　　如果你是一位業務員，那麼你的最重要的工作就是去拜訪那些具有購買潛力的客戶。所以你大概會把這寶貴的四小時全用在這一件事情上吧！

　　而至於那些寫報告、做記錄或回信等瑣碎的桌上作業就請女職員幫忙，可以用電話解決的事情盡可能用電話解決；儘量不出席無謂的會議或宴會，或者減少出席的次數。

　　記住，把寶貴的時間用於非自己親自辦不可的重要工作上。

2

時間進度表應注意的方法

··

　　活用時間的方法只有兩種。第一是刪除不必要做的工作，另一則是該做的工作，全力以赴。

　　一旦發現了自己工作上無謂的浪費，則應予排除，再下來就應以最重要的工作為中心，排定一天的工作時間進度表。

　　排定一天的時間進度表，由於自身的狀況與個性，其方法也大不相同，但是一般來說最有效的方法是依照下列各步驟進行。

1. 以重要的工作為中心，排定一天的工作時間表

　　應該有所謂推動活動的核心，或者是戰略上重要的活動。所以工作的進行必須以此重要的活動為中心。

　　出差的時候，總有許多要辦的事情，或是要會見的人，這時應該先從中心著手，而在擬定事前的計劃時，也有把交通混亂或意外事件等多餘時間考慮進去的必要。對這重要的事情來說，其他的計劃就變成次要的工作了。

2. 排定當天第一件要做的事情

　　凡事都想第一個做完是不可能的，所以以下這些事情應優先著手進行。

①將工作分派給他人。

②必須身心狀況都最佳時，才可以完成的創造性工作。

③當天一定要做完，卻怕中途打擾而中斷的工作。

3. 把相關的工作一併完成

零零碎碎的工作應一併完成。因為如果能夠一鼓作氣、一氣呵成，不僅可以為協助你的人節省一些時間，而工作上所需的工具或援助也不會中斷、得以連續地利用。

例如，書信可以一次寫完，訪客也盡可能一起連著會見，必須讀的文件集中過目。

4. 工作應配合精力曲線

精力曲線因人而異，一般來說上午是精力最充沛的時候。所以這個時間才是最適合做富有挑戰性、創造性的工作。同時，開會或接受訪問必須有敏銳的精神狀態，也可以利用這一段時間。

相反的，一些刻板的工作或不太重要的事情就不要佔用這時段。當精神或身體狀況較差時，應做一些被動性的工作，刻板的工作或乾脆休息一下。

5. 凡事應預留充分的時間

為了提高工作效率，有時常會將時間進度表排得非常緊迫，但是必須完成手邊的工作時，需要充分的努力，因此在一天中也不要塞入太多的工作。

千萬不要什麼事情都往自己身上攬，否則只有筋疲力盡，徒勞無功。

6.抑制從事計劃以外之事的心態

有時在工作時，難免會突然想到打個電話或找一個人交待事情，但是如果總是如此，那麼你預定的工作便會被無限制地延後。

而工作當中偶而也會浮現出某些有趣的點子，或是想要調查的事情。如果這些事情與眼前的工作有關聯，則大可為之。但是假如並非當時即時需要做的事，那麼就先把它記下來，等到適當之時機再做。

7.注意面洽時間

不管是會客或去拜訪別人，面洽往往容易成為浪費時間之要因，所以應特別留意面洽時間。事情尚未解決 10%，預定的時間卻只剩下 10%，這是常有的情形。所以為了自己，為了訪問的人，應注意控制時間以及會談的速度。儘量避免無謂的談話，盡可能早些言歸正傳。

為此，你也可以拜託別人，或利用其他工具，在預定的時間快終了時，給你及訪問者雙方一些暗示。

總之，如果某人按計劃前來拜訪你時，儘量不要提起容易使面談延長的事情。如果真是必要，最好另擇他期，再仔細詳談。

當然，也很可能有緊急的事情，或者一些不速之客，緊急時，你就不得不調整一下時間進度表，但如果是不速之客，而又實在無法挪出時間，不妨委婉地拒絕他，約定一個雙方都方便的時間，另行詳談。

3
照時間進度表執行工作

在將工作合理順利地完成之下，排定工作簡要也是相當省時的一種方法。某公司幹部的桌上，每天早上都放著一張獨特的時間進度表。而可以把今天沒有做完的工作列在隔天的時間進度表之左側。

一旦擬定了時間進度表，就應當在規定的時間內完成該進行的工作。

如果把今天該做完的工作拖到明天，則隔天的時間進度表必會緊湊一些。為了避免如此，無法在時間內完成的工作不要將它列入表中。

可是，也並非凡事就要絲毫不差地依照時間來進行。對於這一點，以下的意見或許可做為你的參考。

「以前我一直認為不管什麼事情一定要在時間內完成。但是現在我把一些比較沒有時間上的問題的事情往後延了。等過一段時間再查看，總會驚訝地發現，每次都有 75%到 90%的問題自然解決了。當然是否要將問題之解決往後延就看個人的判斷了。」

4

時間進度表的加速

加快時間進度表的步調，最好的方法就是擬定稍為緊湊的時間表，把平常需要花較長時間的工作，集中於這時間表內。

「數年前，我把一天劃分成 15 個等分，以此為工作的基準。結果，原本需要 20 分鐘到 25 分鐘的工作，現在只要 15 分鐘就完成了。如此一來我等於一天多出 1 個小時，甚至更多的時間來。雖然我現在沒有擬定這種時間進度表，那是因為這種工作方法已成為習慣了，不需要再編時間表。」

依照這個方法，把時間分割得大一點，如果能夠在這時間之內加快工作之步調，那麼下一次就把這區隔時間縮短一點，很奇怪的，時間這種東西，愈是把它縮短，它還是能使我們在範圍內完成工作。

不可以每次都把時間進度表排得滿滿的，這不是一個很理想的方式，無論什麼工作，都應該有充分的時間，不要想凡事都插一手，但對於時間價值的再認識這一點來說，或許這個方法稍有一些意義。

5
你要有合適的日程表

「先設計後施工」是每一個高效率人士的工作習慣。高效率工作不是一句口號，而是在自己的工作實踐中體驗，並不斷加以調整和完善。

做一份有效的工作計劃，其最大的好處就是有助於我們安排日常工作的輕重緩急。要做好一份工作，先走那一步，後走那一步，也是至關重要的，這就需要你為自己的工作制定一份有效的工作日程表。

整天忙忙碌碌，卻總是不見有什麼成績，許多人都發出這樣的抱怨，原因就是缺乏一個詳細的工作計劃。很多人在抱怨自己一事無成的同時，卻又在漫無目的地工作和生活，沒有給自己定一個詳細的工作計劃表。雖然他們每天都在埋頭苦幹，偶然也能得到一些小的收穫。但是那些加薪、晉升等一些能夠為人們帶來更多喜悅的好事卻和他們無緣。

其次，工作目標與工作成效是有區別的，目標制定好以後，只是完成了第一步，還需制定週密的計劃和步驟，以便可以「多、快、好、省」地達到目標，實現自己預期的成效。

　　人們的時間和精力是有限的，如果你不制定一個工作日程表，你會面對突然湧來的大量事務手足無措。如果你想有效地利用時間，避免事務的纏繞，就必須制定工作計劃。你就可以把所要做的事情制定一個順序：把那些有助你實現目標的重要的工作放在前面，依次為之。把所有的事情排一個順序，並把它記在一張紙上，這樣，你就為自己制定了一份工作計劃。養成這樣一個良好習慣，會使你每做一件事，就向你的目標靠近一步。

　　一位大型企業的經理去拜訪卡耐基。經理看到卡耐基那張乾淨整潔的辦公桌感到很驚訝。他問卡耐基說：「卡耐基先生，你沒處理的信件放到那兒呢？」

　　卡耐基頗為自豪地說：「我的信件都處理完了。」

　　「那你今天沒幹的事情又推給誰了呢？」經理緊追著問。

　　「我所有的事情都處理完了。」卡耐基微笑著回答。看到這位經理困惑的神態，卡耐基解釋說：「原因很簡單。我知道我所需要處理的事情很多，但我的精力有限，一次只能處理一件事情，於是我就按照所要處理的事情的重要性。列一個順序表，然後就一件一件地處理。結果，全做完了。」說到這兒，卡耐基雙手一攤，聳了聳肩膀。

　　「噢，我明白了，謝謝你，卡耐基先生。」

　　幾週以後，這位經理請卡耐基參觀自己寬敞的辦公室。他對卡耐基說：「卡耐基先生，感謝你教給了我處理事務的方法。過去，在我這寬大的辦公室裏，我要處理的文件、信件，堆得和小山一樣，一張桌子不夠，就用三張桌子。自從用了你說的

法子以後，情況好多了。瞧，再也沒有沒處理完的事情了！」

　　這位經理就這樣找到了高效率做事的辦法。幾年以後，他的公司規模越來越大，而他處理公務遊刃有餘，還經常抽出時間陪家人度假。

　　把事情按重要程度、時間緊迫程度，定個計劃進度表對於提高你的工作效率很有幫助。在工作中，工作計劃，能使你為自己制定一個詳細可行的計劃，其最大好處就是有助於安排日常工作的輕重緩急，並且能夠培養你的行動智慧。而且，這樣還將大大簡化你每天為了成功而努力做眾多決定的過程。工作計劃，能使你把一天的時間安排好，而這對於你成就大事是很關鍵的。

　　生活中，很多人經常發牢騷，抱怨工作太多，壓得自己喘不過氣來。事實上其中的許多人就吃虧在不善於制定日程表。他們不善於安排好日常的工作，連毫無意義的小事也糾纏不休，自己卻顯得比任何人都忙。

　　實際上，沒有人願意承認自己幹的工作是毫無意義的，但如果客觀地觀察一下，立刻就會明白是否有意義。當別人幹無意義的工作時，自己很容易發現，而自己這樣幹，就視而不見了。

　　為了避免出現上述情況，正確而客觀地看待自己所從事的每一項工作，那怕是零星工作，就應當把這些工作進行一下劃分，如同找出優先順序的方法一樣，看看這些事是非辦不可還是不辦也行。據此，你便可以初步估算出每一項必須做的工作所需要的時間。

　　人們經常不知不覺地去幹優先性極低的事情，原因不外乎這樣兩條：第一，偏好某一類事情，如總是在最忙的時間裏，用毛筆慢

吞吞地寫要發出的上百個信封；第二，雖然明知某件事意義不大，但仍然讓習慣支配自己，如每天提前到收發室去等信和報紙。

如果你有了一份詳細的日程表，你就會在規定的時間裏幹完應當幹的事，不去幹毫無價值的事，給重要的工作予充裕時間。你也就會改用墨水筆書寫信封，邊幹手頭工作，邊等信和報紙。

制定日程表，應當遵循先急後緩、統籌兼顧的原則。最簡單的辦法是把你所想到的，一天當中可能碰到的，應當做和必須做的事情全部記錄下來。這當中包括：公司委派給你的經常性業務，還應包括早晨的碰頭會、出席會議、會見來訪的顧客等，也許還包括分析和判斷市場情況的調查性工作以及與其他部門之間的聯繫工作。甚至還應寫上「買一張生日卡」，因為這也是你當天必須做的。

總之，凡是自己可能幹和必須幹的工作，且不管它的重要性和順序怎樣，一項也不落地逐項排列起來。但是，千萬不要把每天都有的例行瑣事也一一列上，正像洗澡、刷牙一樣，不列也得做。

然後，把日程表放在桌上，幹完了一件工作，就在表上劃上道兒，表明已經完成。當然，如果只用這種方法，應該說是一種過於原始的辦法了。那麼我們再認真考慮一下，下一步該做什麼了。

假如你竭盡心力，辛勤以赴，你可能完全擔負起責任，而在一天終了時，將表上的各項工作一一完成。如果真能如此，那是再好不過的，請你盡力而為吧！然而，你在製表時，即可能事先對於那些無法完成的事，早就心裏有數了。但是，當你有許許多多的工作必須做時，千萬不能讓機會為你做決策，而必須有意識地選擇何者當作，何者可以免除。也就是說在列表過程中，只需將高度優先次

序的當日事項記下來，這些是必須你特別費精力的事情。

一句話：你必須「設定優先次序」。有些人總是貪得無厭地儘量把工作項目填在表上。雖然他們可以做完很多工作，但是其效果並不理想，因為他們所做的多半是不那麼重要的事情。又有些人總是由上而下，逐項按部前進，而不太關注何者比較重要。

你應當按照每天工作的重要程度重新對它們進行排列。這時你應當問自己：「如果我只能幹此表當中的一項工作，首先應該幹那一件呢？」然後再問自己：「接著我該幹什麼呢？」用這種方式一直問到最後就行了。

這樣自然而然就按著重要性的順序列出了自己的工作一覽表。其後對你所寫出的每一項工作，就該做些什麼，如何做等問題，根據以前的經驗，註明你認為最合理有效的方法。

另外，你還可以使用一些技巧，從一開始就對每項工作的重要性加以區分。例如，你可以用藍色表示普通事務，紅色表示高級優先事務，而黑色則處於兩者之間。

剩下的工作就是為每項工作安排必需的時間了。要幹的工作這麼多，而工作時間又不是活的，也許你會說，我已經用最少的時間幹完了全部工作。但是還是請好好地再考慮一下，果真如此嗎？

如果你是個業務經理，你最重要的工作，就是約見最有成交希望的客戶，同他們進行實質性的交談。你完全可以把寶貴的 4 小時都花在這項工作上。而其他工作，例如寫報告，做記錄，送報表等這些文書工作全部交給秘書去做。可以用電話聯繫的事，儘量利用電話，儘量設法不出席會議或宴會，或者減少參加的次數。這樣一

來，自然可以把寶貴的時間花在非得你親自才能幹好的工作上了。

這裏僅有的利用時間——擠時間的訣竅只有兩條：一條是取消那些可以不幹的工作；另一條是應該做的工作，無論如何也要力爭在限定的時間內幹完。

假如發現在自己的某些工作上有浪費時間的現象，就應馬上以重要的工作為中心，安排出一天的工作日程。

有些活動是事件的關鍵，或者說是帶戰略意義的重要活動，因此進行工作時應以這樣的重要活動為中心。例如，外出到某公司洽談生意，同時又捎帶著辦其他事情，就必須分清主次。假如因為辦其他事，沒有考慮到車輛堵塞的因素，耽擱談判時間，後果就是無法挽回的了。

如果你發現表上列出可能的重要工作過多，沒時間把每一件做完，就是你安排重點的時刻了：把富於創造與想像的工作跟較實際與實用的工作調換。開始的方法就是把不重要的項目先找出來，然後刪掉。

首先，考慮一件事自己不幹行不行，把一些能分配給他人的工作交給別人去幹。這些人不一定是你的下屬，還可以包括那些工作速度比你快，或是可能比你更有捷徑達到目的的人。其次，如果幹，怎樣用更少的時間幹。必須使精神、體力上的能量處於最佳狀態，以便進行創新性的工作，同時又節約時間。再次，挑出在這一天內必須做完，且一受打擾中斷後就不太好辦的工作。

按照重要性的順序排好各項工作後，你會發現，如果把它們全部做完，你就會不在這個世界上了。相反，如果只給每件工作以 5

分鐘時間，又是很不現實的。那麼，可行的方法是儘快地刪掉一些重要性較低的項目。

首先，以你的直覺來審查這張日程表，即會刪掉一部份次要的項目。其次，再大致判斷一個完成較為重要的工作應花去的時間，如果時間上允許，就這樣好了；如果不是這樣，就必須在最主要的工作上做記號，然後再以時間來衡量。如果時間充足，則可再選入次要工作中的對你較有價值的事情，直到你的時間排滿為止。當然，這時你還可以列出兩項候補的工作，以備有了多餘時間的時候去幹。這也必須在表上做出明顯的記號。

把幾件事連起來做是非常有趣的。例如，一次回覆一批來信，集中發出；抽出一點時間，高效率地閱讀必須過目的一堆文件，分而治之；將來訪者都約在同一天上午的順序時間內，一個接一個地談話，等等。這不僅加快了你的辦公節奏，而且為你的工作注入了活力。在一些情況下，還能節約幫手的時間，或是不間斷地連續利用所需的工具及其他幫手。

這種歸納的方法中還包括，工作內容相似的事，如都是有關貸款的問題；可在同一地點完成的任務，如相鄰的公司和銀行；與同一個人有關的事情，如需要請示同一個領導的幾件事，等等。這就是提高辦事效率、加快工作節奏的基礎。

人人都有自己的生活和工作的習慣，不同的人精力充沛的時間不同，應當把那些需要認真思考的創新性工作放在你認為精力最佳的時間內；人們處理同類事情所需的精力也是不同的，有的人愛在思維敏捷的時候會見來訪者，另一些人卻願在這種狀態下獨處一

室，動腦動手。所以，應當把最有利的時間留給你認為最有意義的工作。

對於已經決定了的工作或不那麼重要的工作，就不必佔用這種寶貴的時間了。在精神上和體力上，你的工作效率都在減退時，可以換一些較為被動的、機械性的、不耗費腦力的工作，或者做一些事先已經安排好了只要動手的工作，不然就好好休息一下。

為了提高工作效率，有時可以制定一些多少有些勉強、有些緊張的日程表。人在有壓力的情況下工作，與沒有壓力截然不同。但是，如果自己所接受的任務必須完成，為了保證成功，必須傾注全部的努力去完成重要的任務，所以最好別在一天裏塞進過多的工作。那麼，從重新認識時間價值的角度來說，加快日程進度的做法是有積極意義的。

最重要的是分清工作的主次，不要事事都幹，時間花了很多，卻勞而無功。

高效能人士在工作中，有時一瞬間頭腦中冒出一個新穎的想法，或者突然想起要調查點什麼。如果這些想法與目前手裏所從事的工作有關聯，那麼可以將你想到的問題展開，繼續做下去。但是如果它並不是此時此刻所需要的設想，而是可能在今後更恰當的時間來做的事的話，就不要再想下去，而把它們先記在備忘錄上，免得打擾你正從事的重要工作的思緒。例如，你正在埋頭起草一個計劃報告時，突然想到要打個電話，把科長找來，因為他明天就要出差。但是你可能沒有想到，科長一來，你手頭的報告今天上午就寫不完了。此時，你可以把打電話的時間對在鬧表上，下午一上班再

找他來。

如果與某人約好商談一件重要事情時，應儘量避免經常性的干擾，如：電話或其他訪客，你事先應想到同有關人員打個招呼，讓他幫你應付臨時不太重要的事情，以便保證現在重要的談話不會拖延過久。萬一有更重要的事情來打擾你時，你應當明確告訴談話的對方，我們改天再談吧。

為談工作而進行的會面，沒有必要進行過多的寒暄，最好是直入主題，這無論對你自己，還是對來訪者，都是大有好處的。但即使這樣，也難免遇到這樣的情形，談話的主要內容剛進行了一半，卻已佔用了預定時間的 2/3。這時，你就應當對此談話加以引導了，你應當提醒對方，挑主要的內容講，或是當對方說一些與正題無關的話時，儘快加以暗示，或是把話接過來。

在工作中，突然的來訪和會面是常有的事。這往往不在你的日程之內。在絕大多數情況下，你應當放下手中的工作，臨時接待一下為好。如果來訪者並不佔用你很多時間，應請人家把話講完；如果他需要更多的時間，或是你無論如何騰不出時間，也應婉言回絕，與他另約兩人都有空的時間接談。

6
要懂得支配時間的藝術

時間的支配是人們工作的第一要務，也是提高工作效率的關鍵。

用足時間亦即時間開源問題，即在最值得我們幹的事情上把時間用足用活。

先幹最值得幹的事情。用大部份的時間做能帶來最高回報的事情，而用小部份的時間做其他事情。先幹那些能使你接近目標的事，再幹你喜歡的或容易完成的事。為先幹的事安排大量的時間，次要的事可放在精力差點的時間幹或抓緊點滴空餘時間去做，需要做但未必要親自做的事可委託別人去做。

以高效時間做重要的事情。每個人都有自己的生物鐘，在不同時段人的反應會千差萬別。例如有的人清晨精神飽滿，有的人夜間精力集中。根據自己的生物鐘特點和工作要求確定工作方式，在自己的生理高峰階段處理重要的事情。

集中大段時間。把時間安排成整段利用能有效地提高時間的使用效率，如果把時間分割開來零碎使用，單是工作的轉換與適應就要浪費許多時間。例如，即使只有一個工作日的 1/4 時間，如果集

中使用，也足夠辦幾件重要的事。而縱然有一個工作日的 3/4 時間，若都是十幾分鐘或者半小時的零碎時間。也處理不了重大事情。

　　一次只集中精力做一件事。人的精力畢竟是有限的，要保證高效率，必須在某段時間內專注於一件事。愛迪生認為他成功的第一要素是「具有能夠將身心與心智的能量鍥而不捨地運用在同一個問題上面而不會厭倦的能力」。

　　留出創造時間。在沒有外界打擾的時候，人才容易產生創意。日本一位創造學家 1984 年對 800 多名發明家的調查顯示，大部份發明是在休息或獨處時產生的。所以說，管理者的工作時間不能全部交給他人，最好預留一部份時間給自己，這段時間不受干擾，可以全神貫注地思考新問題。

　　壓縮時間，即在使用時間時收縮戰線，能外包的外包，能授權的授權，從不相干的或無關緊要的事務上撤下來。

　　第一次就把事情做對。每個人的時間都是既定的，至於他能做多少事，做好多少事，全在於他辦事的效率。如果每次都是第一次就把事情做對，那麼他會節約大量時間；相反，如果他總是把事辦糟，每次重辦時都得花許多時間。

　　他人能辦的授權他人去辦。授權能大大提高管理工作的有效性。作為管理者，成功與否的關鍵就在於他有沒有能力通過下屬來發揮以一當十的作用。

　　別接燙手的山芋。不要做他人自己能做的事情，不要做他人職權範圍內的、你即使做也做不好的事情，不要作他人的、會影響你重大目標實現的事情。

壓縮開會時間。一個人如果不能從會海中掙脫出來，他就會被無聊淹沒。開會可提倡爭論，提倡各抒己見，提倡全體發言，提倡不超過一個半小時，提倡站著開。

縮短轉換時間。從一種工作轉換到另一種工作，從一種狀態過渡到另一種狀態，時間應盡可能壓縮。

不要成為他人的「時間人質」。管理者在擁有權力的同時也失去了一定的人身自由──每個人都可以隨時來找他，管理者的時間逐漸變成屬於別人的時間。這已成為一種規律。管理者一旦成為他人的「時間人質」，那麼高效能人士就會失去自我，成為別人計劃的一部份。

時間對任何人都是均等的，然而，利用時間又有很大的彈性。在有限的時間內填充無限的事件，這就是時間的拉長效應。

合理運籌時間。人們的時間是個恒定量，而每個固定時段所能容納的工作卻是個無限量。人們在某個時段所完成的工作與其的能力成正比。

逆勢操作時間。凡屬人人都非辦不可的事，你得在人人都還沒辦的時候去辦，設法遠離「高峰時刻」。當別人還沒有做某事時，你就去做，這樣可以節約許多排列的時間。

時間運籌能力是管理者必備的才能素質之一。管理者理性地認識時間，樹立正確的時間觀念，提高在管理行為中科學運籌時間的能力，是實施正確管理方法，提高管理工作效能的重要途徑之一。

7

成功者都會珍惜自己的時間

　　一個成功者往往非常珍惜自己的時間。通常，工作緊張的大忙人都希望設法趕走那些來與他海闊天空地閒聊、來消耗他們時間的人，他們希望自己寶貴的光陰不要因此而受到損失。

　　無論是老闆或職員，總是要能判斷自己所面對的顧客在生意上的價值；如果顧客有很多不必要的廢話，他們都會想出一個收場的辦法。同時，他們也絕對不會在別人的上班時間，去和別人海闊天空地談些與工作無關的話，因為這樣做實際上是在妨礙別人的工作效率，也妨礙了僱主應得的利益。

　　善於應付客人的人在得知來客名單之後，就決定預備出多少時間。希歐多爾‧羅斯福總統就是這樣做的一個典範：當一個分別很久只求見上一面的客人來拜訪他時，希歐多爾‧羅斯福總是在熱情地握手寒暄之後，便很遺憾地說他還有許多別的客人要見。這樣一來，他的客人就會很簡潔地道明來意，告辭而返。

　　某位大公司的老闆向來就有待客謙恭有禮的美名，他每次與來客把事情談妥後，便很有禮貌地站起來，與他的客人握手道歉，遺憾地說自己不能有更多的時間再多談一會兒。那些客人都很理解

他，對他的誠懇態度也都非常滿意。

那些在大銀行、大公司工作的許多經理們，以及在各大企業財團工作的許多高級職員們，多年來都養成了這種本領。

有很多實力雄厚、深謀遠慮、目光敏銳、吃苦耐勞的大企業家，都是以沈默寡言和辦事迅速、敏捷而著稱的。即使他們所說出來的話，也是句句都很準確、很到位，都有一定的目的。

他們從來不願意在這上頭多耗費一點一滴的時間。

當然，有時一個做事待人簡捷迅速、斬釘截鐵的人，也容易引起一些不滿，但他們絕對不會把這些不滿放在心上。

為了要在事業上有所成就，為了要恪守自己的規矩和原則，他們不得不減少與那些和他們的事業沒什麼關係的人來往。

成功者最可貴的本領之一就是與任何人做任何來往，都能簡捷迅速。一個人只有真正認識到時間的寶貴，他才有意志力去防止那些愛饒舌的人來打擾他。

在美國企業界裏，與人接洽生意能以最少時間發生最大效力的人，首推金融大王摩根。

摩根每天是上午 9 點進入辦公室，下午 5 點回家。有人對摩根的資本進行了計算後說，他每分鐘的收入是 20 美元，但摩根自己說好像還不止。

所以，除了與生意上有特別重要關係的人商談外，他還從來沒有與人談話超過 5 分鐘以上。

通常，摩根總是在一間很大的辦公室裏，與許多職員一起工作，他不像其他的很多商界名人，只和秘書待在一個房間裏工作。

摩根會隨時指揮他手下的員工，按照他的計劃去行事。

如果你走進他那間大辦公室，是很容易見到他的，但如果你沒有重要的事情，他絕對不會歡迎你的。

摩根有極其卓越的判斷力，他能夠輕易地猜出一個人要來接洽的到底是什麼事。當你對他說話時，一切轉彎抹角的方法都會失去效力，他能夠立刻猜出你的真實意圖。具有這樣卓越的判斷力，使摩根節省了許多寶貴的時間。

每一個人都幾乎擁有相同的時間，但是，為什麼有人成功有人失敗呢？這就取決於我們對時間的利用，而對時間的利用又體現在對零星時間的利用上。我們每天都在從事日常工作，或多或少都有點機械。我們做雜務，我們寫作，我們打字或做任何其他事，每天都有這些時間。關鍵就是看利用這些時間的結果了。

世界上那些最成功的人事實上就是那些最善於利用零星時間的人。

愛迪生領著微薄的薪水當發報員敲打著鍵盤。他並沒有忽視那些零星時間。他在敲擊鍵盤時想著、計劃著，對各種資訊進行試驗。他當電報員時的零星時間為他贏得了各項發明，並成為百萬富翁，並使全世界的人有了價值難以衡量的新觀念。

本傑明‧佛蘭克林有很多利用零星時間的例子。他有各種各樣的方法來使其多餘的時間具有意義和富有成效。

人們利用零星時間不僅是要為自己獲利，而且也用來增加其智力。人的心智渴望變化，往往在日常工作之外做出不平常的事。

「知足常樂」，這是一句平庸的格言。如果你可以做得更好的

話，根本就沒有什麼「足」。有一句西班牙諺語說，「享受你擁有的東西，讓傻瓜去追求更多的吧。」精力充沛的美國人應當把這句話倒過來：「當傻瓜在享受他現在擁有的東西時，我要追求更多。」

追求更多的方法就是善於利用你的零星時間。

節省下每一分鐘並善於利用它，用它獲利，它就使你的生命更有意義更有潛力。你要有這個意識：失去的每分鐘一旦失去，就再也要不回來。

想想早飯前的一刻鍾，想想晚餐後的半小時，記得去算去讀去想今天可能會出現的與你的工作有關的事。這些都是你日常生活的零星時間。

利用這些零星時間，你就可能發現許多偉大人物所發現的東西，就會發現利用零星時間的真正妙處。

心得欄 ----------------------------------

8

為第二天早做準備

　　一個好的計劃是夢想成真的一半。在工作中，我們應該學會合理地安排工作，其主要目的就是提高工作效率，為生活創造更多的時間，使工作與生活的其他方面之間取得平衡。經驗告訴人們：時間不是白白送給我們的，而是擠出來的。我們應該學會怎麼為自己創造更多的時間。

　　許多人都有這樣的親身體會，為第二天做準備，是一種簡單但十分有效的時間管理方法。每天你在工作結束後把辦公桌上的東西整理好，安排一下明天的工作再離開，這時於第二天順利開展工作很有必要，儘管這只需要花 5 分鐘左右的時間。有了這個好習慣，你在第二天到辦公室時會發現一切都井然有序。即使你現在連續一個月的時間都在做一個項目，那也要在每次下班前把文件檔案整理好，將目前工作中尚不需要的各種書籍、文件夾、筆記和其他各類材料收到櫃子裏放好，為第二天繼續工作創建一個整潔有序的工作環境。

　　每天下班之前，花幾分鐘時間安排一下第二天早晨的任務，可以使你在次日上班時儘快地進入工作的角色。你將各種工作按輕重

緩急的次序排好，寫到記事本上放到桌子的中央，這樣早晨到單位後各項任務一目了然。

每天下班之前，為第二天的工作做好準備。堅持做下去，並且養成一種習慣，時間久了，你就會發現這樣做有一舉四得之功效：

首先，你通過回顧自己一天中做出的成績，使得自己有機會對完成的任務做出評價。每天我們總留下幾件未完成的工作，這很平常。但只要想想自己已經完成的任務，你就會興高採烈起來。這種工作的成就感與滿足感將令你在第二天的工作中精力充沛、幹勁十足，有利於保持良好的精神狀態。

其次，你在整理當天工作的過程中，你給自己的大腦傳輸了一個信號，就是今天的工作已經圓滿結束，你在一天中已經盡其所能付出了時間和精力，而現在該是幹點其他事情的時間了。如果你自己無法認識到這一點，只怕你的腦子還在想著那些煩人的公事。這樣會對你的生活產生極壞的影響，那些無盡的憂慮就要剝奪你的整個晚上，甚至在深夜侵蝕你的思維，讓你無法入睡。

同時，前一天下班之前整理一下工作會給第二天的工作帶來好的開始。因為用不著再花時間收拾昨天留下的爛攤子，一來上班你就會立刻進入良好的工作狀態。而且腦子裏已有了計劃，也就不必再費時考慮今天應該做什麼。要知道，每天上班後，將當天要做的事按著重要程度與時間緊迫程度理出頭緒，將佔去你一天中最寶貴的早晨時光，有時候會費去你半小時甚至更長。

再者，對當天的工作進行一下總結和評價，並且為第二天的任務做好準備，這樣其實是在激發自己潛意識的活動，為下一步的工

作做好精神上的準備，輕鬆開始另一天的任務。同時由於你已經回顧了今天的工作，並對明天的工作做出計劃，回到家中你也不用有意去想公司中的事務，可以安心地與家人共度一個愉快的夜晚。第二天到辦公室時，你就會覺得精神煥發、思維清晰。在對第二天的工作進行計劃和安排時，讓潛意識幫助你思考。要確定你已經把所有因素考慮週到，這樣你的工作才有可能達到預期效果。在起床之前，你的潛意識將給你提供各種有價值的資訊，直到你完全恢復清醒的意識。

最後，你可以放心地給自己要做的工作定一個期限。

如果有必要，在向上司報告自己的工作進度和計劃時可以援引一些具體事實作為依據。例如，你可以說，「娜揚告訴我說，她沒有兩個星期的時間根本拿不到研究與發展機構的材料。」

每天，你都應做到在規定的時間內完成任務，在計算時間時要同時調動你的意識與潛意識，做一個合理的時間預算。細緻而且科學的工作計劃會使你在工作時不會出現手忙腳亂的窘境，你也不會感到有太多壓力。同時，安排時間要合理，不要留下過多的餘地，以免出現有恃無恐、浪費時間的現象。

9

今日事今日畢

⋯⋯⋯⋯⋯⋯⋯⋯⋯⋯⋯⋯⋯

　　主管的手頭總有一大堆要做的事情。為了在工作和私人生活之間保持一種健康的平衡，你一定要學會在工作時保持高效，從而得以在合理的時間離開辦公桌。如果你無法做到這點，就會精力不濟、創造力低下，最終危及健康。

　　為了讓自己認清每天必須完成的工作並找到完成任務的策略。你可以嘗試著運用以下幾種方法：

1. 每天都以計劃結束

　　每天下班前用 15 分鐘的時間寫下第二天的任務清單。寫出清單後，你就會清楚地知道，那些工作是今天必須完成的，那些工作是今後幾天內要完成的，那些是長遠的目標。任務清單會使你精確地找到需要優先處理的問題，從而避免被那些不重要的事情分散精力。這樣，即使你決定在某個合適的時候停止工作，工作進度也在你的掌握之中，工作的效果不會受到影響。

2. 提前分派任務

　　檢查一下任務清單，認真考慮一下，那些任務是可以分派給團隊中別的成員的。每天早一些把這些任務佈置給團隊成員，使他們

能夠儘早開展工作，從而加快完成任務的速度。和你一樣，同事也希望對每天自己的工作、時間早做安排。如果你是在一天的最後幾個小時才把任務分派給同事，同事會產生怨言，因為你有可能打亂了他們的計劃。

3. 早工作早離開

加班加點工作到很晚並不是提高工作效率的好方法，它可能會引發惡性循環——工作到很晚通常會使你很疲憊，次日會起得晚，然後又導致你第二天要工作到很晚，如此循環。在一個星期內強迫自己早點開始工作，早一點離開。開始這樣做很困難，但你會很快發現，早點開始工作能夠使你每天有做計劃的時間，從而使你的工作效率得到了有效提高。

4. 有效利用高科技，並且控制干擾

你會發現充分利用辦公自動化設備和應用程序來完成工作任務，會減少許多手工操作，使你獲得更多的時間。

你通過電子郵件就可以完成許多日常的交流，不一定非得打電話。使用電子郵件可以使你避免打電話聊天。當然，也有一些工作必須直接與人交談才能有效運作。但是，大部份工作人們能夠利用電子郵件進行有效地溝通並且做好處理。

但需要注意的是，不要讓料想不到的電子郵件、電話和會議打亂你的工作計劃，從而使你不得不加班。為了使自己的工作不受干擾，你可以這樣做：每隔幾個小時而不是每隔 10 分鐘查看一次電子郵件；將電話轉為語音信箱，只回覆那些確有急事的電話；要求將會議安排在你方便的時候召開。

5. 不要在工作時間幹私事

在工作時間，有一些人常放任自己，為私人事務分心。在工作時完全不考慮私人事務是不現實的，因此你要把那些對付帳單、寫感謝卡和其他影響工作效率的私人事情進行統籌安排。這些小事情會影響你的工作。如果你將很多時間用於與工作無關的事情，那麼晚上要加班就是不可避免的。

6. 今日事，今日畢

一些人由於白天完成不了任務，養成了熬夜的習慣。但是熬夜會降低你的工作效率，直至危害你的健康。因此，如果你要想盡辦法提高工作效率，做到「今日事，今日畢」。

請你記住，你不是超人，公司僱你也不是為了解決所有的問題。做好職責範圍內的重要工作是你工作的重要目標，不要忙著給其他部門提建議，搞策劃。手上有太多額外的事情，必然導致你自己的本職工作得不到很好地完成。

心得欄 _____

_____

_____

_____

_____

_____

第 五 章

形成有條理的工作風格

1

主管要形成有條理的工作風格

就像樂曲一樣，有時樂曲會節奏快、有時樂曲節奏慢。工作作風好像是樂曲的節奏，節奏快的對應的效率也高，節奏慢的對應的效率也低。每一個講效率的職業經理人，都應該在組織內培養有節奏、有條理的工作作風。

1. 保持適當緊張

適度的緊張不但有助於強調時間觀念，而且有助於集中精力，

從而取得良好的效果。如果自己在工作中表現的鬆鬆垮垮，就會把這種氣氛帶給週圍的員工，使週圍的員工工作也拖拖拉拉。要知道，職業經理人的言行影響著「全軍的士氣」。

2.形成工作制度

規律是經過實務驗證的經驗總結，人類正是掌握了各種規律才使得效率大幅度提高。有效的做法是制定工作制度，形成明文規定，使自己和員工自覺遵守，形成節奏感，久而久之就形成一種工作規律。當目標清楚了，任務明確了，大家馬上就明白應該怎麼做。

3.養成良好習慣

根據一項統計，一般公司職員每年要花費 6 週的時間浪費在尋找東西上。漫無目的的會議、電話通常是工作效率的主要殺手。通過養成條理的工作習慣，例如快速找到自己的物品、快速閱讀、快速處理資訊、快速舉行會議等等，習慣成自然，可以大大減少因為這些因素而浪費時間的現象。

要改變自己和員工的固有工作模式通常是困難的，可以用以下兩種方式：一是制定制度，讓大家自覺遵守，直到這種模式深入人心轉正是利用獎懲辦法逐漸形成一種新的行為模式。

4.經常鼓勵自己和下屬

快節奏的工作需要動力作為支援。為了使自己有動力，可行的做法是想像一下成功以後的喜悅，想像一下與親人朋友共用您的成功的情景。心理學研究表明，一個人在不瞭解自己工作業績的情況下，很容易喪失工作熱情；如果能清楚地知道工作進度與成就，往往能提高自己的積極性。

　　訓練有素的士兵常常能夠取得戰爭的勝利，在企業內形成什麼樣的工作作風，不僅反映了企業員工整體的素質狀況，而且也反映了一家企業的企業文化狀況。

心得欄

- -
- -
- -
- -
- -
- -

2
能迅速找到自己的物品

科特公司的羅絲被人們稱為效率英雄，她在時間管理方面的經驗有：

1. 將公司報表文件原稿與資料的紙張統一起來。原來公司內部報表文件通常用 A4 的紙，而圖表資料用 B5 的紙，因此在辦公時需要經常調整影印機的設置。所以，統一資料等所有文件的紙張大小，可以節省時間。

2. 將經常使用的符號記號化、簡略化。在處理事務時，在名片上簡單地寫上「人、住、印、檔」，然後交給秘書，秘書就知道記下客戶的人名、住址、複印名片、存檔。像這樣把工作簡化和程序化，可以省去很多麻煩。

3. 在複印完參考書籍上所需資料後，立刻放回原位。書架亂七八糟，將浪費大量的時間尋找。所以，書架要整理好，儘快將用過的書物放歸原處。

有的經理人可能有這樣的體會：要找一份文件或物品，卻記不起來放在那裏了，於是翻箱倒櫃，把辦公室翻了個底朝天，浪費了大量的時間。其實，只要養成良好的習慣，把文件或物品分類處理，

就能迅速找到自己的東西。

1. 分門別類放置物品

把東西按照使用的頻繁次數分類，可以把最常用的東西放在隨手能夠拿到的地方，把不太常用的東西放在容易拿到的地方，把不常用的東西放在櫃子裏、箱子裏，並把箱子和櫃子標上標籤。使用完這些物品後，一定要做到物歸原處。

2. 把相關物品放在一起

把互相關聯的物品應該放在一塊，例如在電話旁邊放紙、筆；外出時，手機、電話本、名片夾、錢包都放在隨身攜帶的包裹；不帶包時，名片也可以放在錢包裏；錢包放在西裝的左邊內口袋內，電話本放在右邊的口袋內。

3. 合理使用廢棄簍

不要捨不得丟棄廢品，應該盡可能丟棄不要的東西。報紙、期刊已經積攢了一堆了；有些文件過期了，沒有絲毫價值。面對這些廢棄品，應該及時清理，騰出空間。為了方便，廢棄簍儘量放在自己一伸手差不多能扔進東西，又不妨礙工作的地方。

一般人平均每天會因為找東西花費 1 個半小時左右，平均每週花費約 7 個半小時，人一輩子就有 5 到 6 年的時間在找東西。

按照以上方法堅持做下去，久而久之，形成習慣，找任何東西都能得心應手，必將為您節省大量的時間。

3
要進行快速閱讀
·······························

對於閱讀，A 經理有自己的秘訣，那就是略讀。

A 經理認為：對於大多數人來來說，每日新聞並非都是非常重要的，所以，不用太仔細地閱讀每篇新聞，他每天跳過九成的新聞不看。對於期刊，只看跟目前所關注的任務和項目有關的文章即可，不相關文章則跳過不看。如果遇到有用的資訊，例如統計數字，他就把資料剪下來，並在旁邊記下期刊名稱、日期和頁碼。然後，依據資料類別，把資料存入檔案中，以方便以後的使用。長期堅持下來，A 經理的閱讀速度和品質都有很大的提高。

我們處在知識時代、資訊時代和網路時代，職業經理人每天面對的資訊是多方面的，讀報告、批文件……其中必須閱讀的資訊佔了很大一部份，提高自己的閱讀速度對於提高效率來說是相當重要的。

1. **掌握快速閱讀技巧**

⑴做好準備。開始閱讀文件以前，先確定自己已經把所需要的工具擺在身邊，例如筆、螢光筆、剪刀、筆記本等。

⑵注意眼睛的動作。閱讀速度慢的人，每讀一行眼睛會暫停 10

次，而速度快的人只暫停兩三次，應該儘量增加每次暫停前閱讀的次數。不要逐字閱讀，學會閱讀想法或整體概念，在抓住關鍵資訊的情況下儘量快速移動。

(3)不要動嘴巴，也不要默念。除非遺漏了重要的東西，否則避免回頭看。

(4)用筆劃出重點。劃線和加批註是非常有效的時間管理技巧，可以區分重點與非重點、緊急與非緊急等。將含有重要信息的詞句或段落劃下來，日後再看的時候，可以節省很多尋找的時間。劃線和劃重點也是一種有效的溝通方式，當向上級送一份報告或重要文件時，將重要的字句劃線可以幫助他們迅速找到您認為重要和想要強調的想法。

2. 只讀有用的部份

通過閱讀目錄，您可以找出某書當中那些章節、那些內容對您有用；看完某種期刊之後，應標註出那些是重要內容，以後再讀的時候就唯讀對自己有用的部份；如果您暫時沒有時間閱讀，可以把要看的或重要的資料剪下來或複印一份，以後再讀。

大多數的書籍並不值得逐頁細讀，一般一本 300 頁左右的書，對您有用的可能只有 20 頁，所以，您只需要流覽有價值的這一部份就行了。

對忙碌的經理人來說，提高閱讀速度，並且妥善地處理文書工作，一定能夠使您高人一籌，在更短的時間裏做更多的事。

4

你要安排「思考時間」

....

　　根據一項有關主管時間的調查，大多數的主管在公司幾乎沒有
20 分鐘時間不受干擾而能持續工作的。因為一天當中會有許多人或
事情打斷他的工作，所以需要集中精神上注意的重要工作，往往無
法完成。

　　其實這種情形不僅限於主管們，一般人或多或少也會碰到。如
此一來，縱使如何集中努力於防止時間的浪費，在提高百分之多少
的使用時間的效率上來說，其效果並非能夠完全發揮。因為在各個
不同的地方節省下來的片斷時間，並不能將其集中成為一完整的時
段。

　　所以，為了能夠有效地渡過一天，無論如何必須找出一連串整
體可供利用的時間。

　　在某個公司，對散佈在各地的分公司經理，必定會預留從上午
9 點起 30 分鐘的「思考時間」，以便利用這段時間考慮經營上的問
題。

　　或許像這樣由公司指示規定一定要有這種時間是極端少見的，
但是某位經營幹部，在每天一定時間便把自己關在房間裏，借著「開

會中」或「外出」等理由，連來訪者和電話都一概不見不接。

又如有些經營幹部，為了能夠獨處，在公司外備有「秘密的辦公室」。或者也有人「逃避」到公司內平常不用的房間裏。

像這樣變換場所也有助於使頭腦清晰，而且在這種地方由於不同於自己平常所處的房間，較易於將注意力集中於不同的日常業務的特殊問題上。

或許你會說這些人一定是公司的高級主管才能如此做，但絕非如此。普通的人也可以各自運用一些方法。

例如如果想短時間把自己隔離起來，以便思考問題，可以利用安靜的咖啡店，也可以找一輛乘客較少的公車繞個兩、三回。這不僅可以解決問題，也因為有時間的限制，所以又能節省一些時間，可謂達到雙重效果。

如果是天氣很好的日子，公司的頂樓也可以是「思考的場所」。另外，公園、美術館、博物館，只要沒有很多人，便可以在自己擁有的時間，靜下來思考問題。

5

要早一點到達辦公室

....

「雖然是不久以前的事情，我試著比以往的上班時間早到 30 分鐘，著手工作。結果發現，上午 9 點前的 30 分鐘，正好可以做完一件工作。我把這 30 分鐘時間用於創造性的思考上，而非一般的工作上。」

能夠將上班時間前的工作與上班時間連接起來活用的，下例的 A 先生就是其中的一位。

A 先生每天要花 1 個半小時左右車程到市中心上班。他每天都比一般人提早 1 個小時離開家裏。這個時候公車比較不擁擠，可以在車上靜下來看書或寫一些東西，而且到了公司以後，離上班還有 1 小時，可以利用這 1 小時完成一件，甚至兩件工作。

自己開車上班的 B 先生，也長年貫徹著提早 1 小時出門的主張，其理由就如同 A 先生一樣。這時不僅道路較空，而且也可以早一點到公司，比起電話不斷響進來的上班時間，上班前的一段時間從事工作，可以得到雙倍的效率。

6
如何著手工作

開始工作更好的方法就是「現在著手進行」罷了。這對於你從事那一種工作都是一樣的。

曾有一位廣告代理商的主管這麼說過：

「與我一同工作能力好的製作人員，我發覺他們在工作時間快到時，一定會拿起畫板，開始畫起來，絕不會打電話、與人聊天、或喝咖啡等。因為從長久的經驗知道，除非紙上已有一些設計成果，否則他們不會離開工作崗位。」

就如同這位製作人員所實行的，總之，踏入工作本身，開始進行才是著手工作的竅門，以下列出幾點應注意的事項：

⑴先從昨天尚未完成的工作著手，因為它可以使你產生進行時所必要的動力。所以記住這一點，當工作必須中途暫停時，應把最後的收場做好，以便於下一次再著手時能夠易於進入情況，甚至更詳細地先決定如何再著手工作。

⑵在著手新的工作時，先找出有無自己較熟悉的地方，如果真有這些要素，就應從這些地方開始著手。

⑶如果實在找不出直接的相似點，就與過去的經驗或自己所熟

知的其他狀況比較一下。如此，可類推出問題的著手方法。

⑷如果連這個都無法辦到，那麼就找出問題的重點，從這裏著手。一旦攻下了主要重點，其他的部份就比較容易解決。

⑸最後，真的沒有任何理論上的方法，那麼就從自己認為可以做的地方著手。

除此之外，為了方便工作的著手，也有必要整理一下工作的環境，或除去週圍可能分散注意力的事物。但是最重要的並非在於此。

而是著手工作的「意慾」罷了，看看那些在報社的嘈雜環境中寫稿的新聞記者，或者是在熙熙攘攘的證券公司上班的營業部職員便可明白了。人若愈是能夠把週圍的吵雜摒棄於心外，則愈能專注於自己的工作上。

心得欄 _____

7

工作期間要集中精神

好的開始是成功的一半，在工作的途中，如果稍不注意，便容易發生問題，這也許是起於自己本身的不留意，或者是外來的干擾所引起的，而也有可能是起於精神或身體上精力的衰退，或者是缺乏興趣也是其原因。

首先就從不讓外來事物接近的習慣開始吧，為此，整理環境是非常必要的，客觀的刺激也要摒除，試想當你專注於某一課題時，突然旁邊有電視或收音機的聲音傳來，誰都會無法集中注意力的，還有把桌上的東西和四週整理好，因為這些進入眼中的刺激也能夠影響注意力的集中。

其次，把容易分心的工作先完成。例如，一邊想著明天之前必須完成的工作，而把精神集中於另一件事情上，這是非常勉強的，所以把像這樣「擔心的事情」提早解決有助於精神的集中。

第三，決定工作的期限對於精神集中也有很大的幫助。「隨時都可以」也等於「永遠都做不好」，所以應事先決定完成工作目標的時間，將自身投入其中，藉以引發精神興奮，增加精力之集中。

第四，這是集中精神最根本的一點，就是對所從事的工作抱著

極大的趣味與關心。儘管想要集中精神，如果對事物毫無興趣與關心，一定無法使精神集中，相反地，如果對這活動抱著很大興趣而熱衷於此，能力也會逐漸地增加，也能深入地集中精神。因此切記「沒有做的意慾」是精神集中最大的敵人。

而且，除了自身的努力之外，也可以藉著外來的工具或支持等來支持你的努力，這都有益於集中力之增長。例如：

⑴公司裏如果有秘書，她可以幫助你應付想要打擾你的來訪者，提醒你記起截止的日期，防止你分心。

⑵在家裏時，全家人必須是你在從事重要工作時的最佳援助和支援。

⑶會議快開始，訪者快來了，或者正等著事情完成的人等，像這些迫在眉睫的事件可以刺激你集中精神。

⑷建立與別人一同工作的組織也有助於精神集中，但是不要與懶散的人一起，應該找一些能夠互相警惕的人。

8

要對工作維持興趣

當工作很長時，即使它是很有趣味的工作，也可能使你的注意力分散了，因此為避免這種情形，應該利用一些可持久不失去興趣而能持續工作的技巧。其方法如下：

⑴從不同的角度來觀察工作。或許在某一方面無法引起你的興趣，但在同樣的工作裏也可以找出能吸引你的地方。

⑵在心中認定目前所做的工作，是一個更大的工作中的一部份、例如想著現在做的事情，與公司裏別人在做的工作合而成為一大計劃一般。

⑶試想努力的最終成果，達成時的滿足，成就感，以做為完成工作的激勵。

⑷設定完成工作的成功尺度，例如品質、速度、正確性等，利用它向自己挑戰。

然而，要成為真正能夠集中精神的人，必須把它變成自己生活的一部份，養成持久的習慣以代替強制。

9
要保持注意力

即使能夠集中精神，其持續力因人而異。一般人的精神只要集中兩個小時，便會感覺身體疲勞或開始分心了，因此，為了能夠持續工作，也應想一想不分散注意力又可以休息的方法。

工作中的精神狀態與蓄電池的活動有若干相類似的地方。比較上來說，比起持續不停的使用，短時間使用蓄電池更能發揮其功效，對工作時的精神來說，也有常常交替出力的必要。我們每一個人都應瞭解自己的步調和努力所能維持的時間。

不分散注意力而又能休息的方法如下：

⑴做同一件工作的其他比較不需要積極性思考的事項，如謄寫、整理資料等。

⑵覺得昏昏沉沉時，不妨喝一杯咖啡或抽一根煙。也可以與人閒聊，或做一些不需要思考力的輕鬆的工作。

⑶如果是在家裏工作，不妨打個盹或外出散步一下。

10

如何快速處理資訊

　　資訊過多讓人精神苦悶和身體不適，同時對人際關係有不利影響。

　　對 1333 位受訪企業主管的調查，有半數以上認為自己需要更多資訊才能有效工作；有 1/4 的主管認為，他們現在處理的信息量是讓他們承受痛苦的原因。2/3 的經理人指出，因為資訊過多的壓力，使他們與同事之間關係緊張，以及對工作失去熱忱；1/3 的經理人認為資訊氾濫引發身體不適，其中資深經理人因資訊氾濫帶來的壓力引發身體不適的比例高達 43%。2/3 的經理人指出，他們的人際關係因資訊氾濫而出現裂痕；10 位經理人中就有 4 位認為資訊過多會延誤重要決策；10 位經理人中就有 2 位認為他們浪費時間的因素在於資訊收集和搜尋上。快速處理資訊能力已經成為職業經理人的一項新技能。

　　處在一個「資訊爆炸」的時代，市場環境變化莫測，要求職業經理人快速獲得資訊，快速做出反應。所以，快速處理資訊是職業經理人的一項重要技能。

1.篩選和過濾資訊

要應付過多的資訊，關鍵在於當您收到資訊時，先別急著瞭解資訊，要先進行過濾和篩選，分析那些是與工作最緊密相關的，不要試圖搜集所有跟工作有關的資訊，那根本是不可能的事情，只能是浪費大量時間做很少的事情。

2.量身訂做報紙或期刊服務

為了避免資訊氾濫，您必須精挑細選，選擇要閱讀、流覽、翻閱和吸收的資訊。把研究和閱讀設定在對您有用的主題上，其他的資訊則放棄。要根據自己的情況，訂閱報紙和期刊不要盲目，不訂閱對工作沒用的資料。對於看過的資料，應該定期進行清理，否則有一大堆過期資料在辦公室裏既佔用空間，又不利於工作。

3.過濾電子郵件

在飆網，不要隨便留下自己的郵件地址，否則一些推銷廣告便會發到您的郵箱裏。為處理垃圾郵件而分散精力，是一種巨大的時間浪費。

不需要訂閱的電子郵件，就回信停止訂閱，不明來源的垃圾郵件，應該列為拒收郵件。

4.界定需要的資訊內容

在與人溝通時，通常會有很多資訊，但並非所有資訊與決策有關。人們之所以提供過多資訊，是因為他們不知道您需要那些方面的資訊，所以，您應該明確說明您需要那些方面的資訊。

為了克服資訊氾濫帶來的麻煩，應該重點關注與實現目標相關的資訊，少關心與工作無關的其他資訊。還應該注意選擇時間，當

精力充沛的時候，就開始處理重要資料，這樣效果會更好。

　　人的精力是有限的，面對鋪天蓋地的資訊，應該加以區分，那些是我想要的，那些是不想要的，養成快速處理資訊的習慣，這樣一定能夠大大提高工作效率。

心得欄 _

_ _

_ _

_ _

_ _

_ _

11
什麼樣的工作可委派給別人
┄┄┄┄┄┄┄┄┄┄┄┄┄┄┄┄┄┄┄┄┄┄┄┄┄┄

　　儘管有無法委派給別人的工作，但一般來說還是可以委派的工作比較多。試著把可以委派給別人的工作列舉出來，其結果如下：

　　①檢討或決策前提之事實資料之收集與分析；

　　②必須要自己下決定之目標、方針、計劃、企劃與事實等之事前準備工作；

　　③決定後之執行；

　　④打草稿；

　　⑤日常業務、瑣碎的工作或輔助性工作的執行；

　　⑥換作是別人可以做得更好、更快、成本更低之工作；

　　⑦自己不用出席，只要代理人出席即可的集會或會議；

　　⑧借著賦予新的課題而有助於一個人的啟發之工作；

　　⑨為了自己更能夠承擔不同種類之工作，把自己原先工作之一部份分派給他人；

　　⑩為了能把時間更有效地運用在特別的工作上，把自己原有工作的一部份分派給他人。

　　而到底應該委派那一種工作，可將自己的工作依照下列的基準

來判斷。

　　a. 這工作是有關於公司方針上的工作，還是一般的日常業務？

　　b. 部屬是否有足夠的擔當？

　　c. 從工作之重要性來看，與其把時間花在這工作上，是否還有更重要的工作？

心得欄 ＿＿＿＿＿＿＿＿＿＿＿＿＿＿＿＿＿＿＿

＿＿＿＿＿＿＿＿＿＿＿＿＿＿＿＿＿＿＿＿＿＿＿＿＿

＿＿＿＿＿＿＿＿＿＿＿＿＿＿＿＿＿＿＿＿＿＿＿＿＿

＿＿＿＿＿＿＿＿＿＿＿＿＿＿＿＿＿＿＿＿＿＿＿＿＿

＿＿＿＿＿＿＿＿＿＿＿＿＿＿＿＿＿＿＿＿＿＿＿＿＿

＿＿＿＿＿＿＿＿＿＿＿＿＿＿＿＿＿＿＿＿＿＿＿＿＿

12
應該授權給誰

其次，到底應該把這種工作委派給誰？如果是有很好組織系統的公司，那麼委派的對象早已規定好了，所以如果偏離了這種組織型態，可能會導致部屬的動搖，或許你因為授權而認為工作比較容易處理多了，但部屬卻會認為本來應該委派給他的工作，如今被別人取代而認為這是對於自己的不信賴。所以，如果要偏離正常的授權模式，必須要有相當合理的理由。

通常授權的對象如下：

· 直屬部屬。
· 工作或技術上的專家。
· 具有特別資格或知識的人——換句話說具有經驗或背景的人。
· 不同於一般性的工作，專為處理緊急的工作而特別編制的人員。
· 自負於處理拿手工作的資深職員。

以上所說的都是屬於一般的情形，除此之外，針對特別的狀況，也可以按照以下的基準來選擇授權之對象。

1. 找出具有潛能的人

不管在什麼樣的公司裏，往往在中、下階層裏有很多可以擔當比現在所擔任的職務更重要的職務的人。只要授權得當，他們也一定可以適切的完成任務。

2. 選出沒有經驗的人

當我們在授權時，往往比較喜歡把工作委派給容易使喚或是自己有這一方面工作經驗的人，但這並非是一個很好的對策，因為它往往會引起：

①工作集中於那些願意工作的部屬，使他們不勝負荷；②引起其他部屬的羨慕或不滿；③容易導致部屬自信過剩、太過自大；④無法培養其他部屬的工作能力等等缺點。

雖然把工作分派給沒有經驗的部屬是很麻煩的，但一旦每一個部屬都學會了新的工作，你這個部門的實力就會大增了。

3. 分派給有弱點的部屬

要矯正部屬弱點的方法，顯然有商量、訓話、謾罵的方法，但若能把工作分配給他，也能使他能對賦予的工作產生責任感、產生「我也可以做」的自信心。

13

如何舉行高效會議

在許多企業中，會議的數量繁多，品質偏低，造成這種情況的常見原因有那些呢？專家對企業調查，發現主要有以下原因：

1. 有些會議是「不妨大家找個時間聚一聚，談一談本部門的有關問題」而召開的，只是出於聚會聊天而已，沒有明確的目的和議題。

有些會議是例會，例如每週五下午開會，召開，有時例會的召開並沒什麼議題，可以取消。

3. 有些領導把「是否開過會」作為衡量、訊價下級工作成效的標準，下級認為「如果不開個會，上級認為我們工作不主動」，於是無目的會議產生了。

有時遇到難度較大的問題時，領導者不能面對現實，又沒有決策的勇氣，就採用一起開會的辦法，實際是為了「大家共同分擔責任」。

5. 有些會議說起來冠冕堂皇，是為了傳達精神，報告消息，其實這種會議完全可以通過電話、發文等其他途徑解決。

6. 會議組織者沒有經驗，不能有力地控制會議進程，造成會議

時間浪費。

正是上述原因造成了會議的低效，要提高會議的品質和效率，應該掌握舉行高效會議的規律。

會議對於管理者來說就是家常便飯，許多企業三天一小會，五天一大會。會議成為工作效率的一大殺手，採取正確的會議方式至關重要。

1. 會議前準備

研究開會的必要性。如果利用電話或者其他方式可以解決就不要開會。例如，取消幾次例會，觀察其影響，看是否非開不可。

事先決定會議的開始及結束時間，如果需要的話，制定週密的會議日程表，並且嚴格遵循。

預定會議室。包括會議室的環境，是否需要姓名牌、茶水等。

說明召開這個會議的原因。可以事先散發關於會議的通知和相關材料，使與會者提前做好材料準備、發言準備等各項會議準備工作。

2. 會議中控制

控制時間。如果需要的話，指定專人來控制時間，明確說明每項內容的討論時間，做到準時開會和散會。

控制秩序。嚴格遵守會議規章制度。例如，要守時，要認真聽其他人發言，不要干擾他人，在對他人的意見提出質疑時，要採取積極的態度。

控制發言人。不要讓與會議無關的人出席會議，保證每個參會人員都有事可做。指定一個主席主持會議，指定秘書做記錄。如果

某個發言人佔用時間過長，應該給予提醒。

控制會議進度。要始終圍繞主題，適時總結會議已經做出的決定和達成的共識，使與會者將精力集中到會議上。不要把會議變成對他人進行人身攻擊的工具，這樣，整個會議氣氛就會惡化，無謂地浪費大量的時間。

3.會後總結

會後儘快編好會議紀要，並給有關人士傳閱，確保從會議記錄中能夠看出會議制定的行動方案及其執行者。總結經驗，分析這次會議的成功之處，為以後的工作提供指導意見。

為杜絕與會者無故缺席、遲到、早退，應該將遲到、早退等情況通知本人，促其以後改正。

重要會議的召開不要超過 90 分鐘，一般會議 60 分鐘就一定要結束。另外注意，太安逸的環境會延緩會議的進行，例如不要使用有扶手的沙發、不要在會議室裝電話，這樣像是來養老的，不像是來解決問題的。會議中不要有任何干擾，包括送資料、茶水或接電話等都是禁忌。

高效地舉行會議是一項重要的管理技能。職業經理人應該掌握其技巧，這對於自己時間管理能力的提升有重要意義。

14

避免會議所造成的時間浪費

　　會議對每個企業來說都是日常事務，每一個企業每週都要開幾次會議，每次開會的時間短則 20 分鐘，長則 3～4 個小時。

　　這些會議有些是討論公司計劃，有些是協調工作。但許多企業開會都有「會而不議，議而不決，決而不行」的毛病，大家都會在會中信口開河，無的放矢，說者唾沫橫飛，聽者昏昏欲睡，等到該說的都說完了以後，主席宣佈散會。於是大家帶著滿腦子空白，打個哈欠，作鳥獸狀散去。

　　這是一般企業開會的通病，也是經營者浪費時間的重要原因。

　　在現代企業經營管理過程中，開會是司空見慣的事情。常見的有例會、總經理辦公會議、部門工作會議、全體員工會議等形式。會議是時間管理的重要內容，主管一定要給予足夠的重視。

1. 不開沒有目的的會議

　　嚴格來說，只有兩種情形需要開會：一是總經理有重大事項需要宣佈；二是動腦性質的企劃或業務會議，由部門主管主持。在開會前先明確會議目的，以便與會人員做好準備，並防止開會跑題。

2.安排會議日程

應該準備一份議程，給每項議程設定討論時間。在召開會議之前把議程分發給各個參會者。

3.合理安排與會人員

合理確定參會人數，參會人數過多不利於討論，過少則起不到效果，一般 5～10 人的會議效果最好。同時，一定要找對人，確保會議內容與參會者有關。

4.防止外界干擾

告訴與會者，最好是制定規則，除了真正緊急的事情之外，任何人不得干擾會議；或者開會時就聲明會議需要的時間，請各位把手機調到靜音，或者關機，避免干擾。

5.防止討論脫離主題

主持會議的人或會議主席應該控制好會議局面，讓與會者進行良好的溝通、避免對會議產生抵觸情緒。

6.會要有議，議要有決，決要有行

討論應該圍繞會議的主題，確保大家達成一致，提醒與會人員要做的工作及會後必須完成的任務。

7.追蹤會議決議的執行

在下次開會的議程一開始就把上次會議決議事項執行的情形做一介紹，並要求大家定期上交進度報告，直到這個工作完成為止。

造成會議耽誤時間的原因有：

・事前沒有準備或沒有目的；

・沒有會議日程或時間安排；

· 開會找錯參加對象，參加的人太多或太少，關鍵人沒到會；

· 開會沒有計劃；

· 會議過多或時間過長；

· 不能準時開會或散會；

· 開會時有外來干擾；

· 討論脫離議題而浪費時間；

· 會議沒有結論，甚至會而無議；

· 沒有追蹤會議的執行情況。

　　職業經理人應該重視會議的時間管理，掌握會議時間管理的技巧，大大提高工作效率。

心得欄

_____

15

縮短會議時間的建議

1.下午稍晚召開會議

　　某位經營幹部說到，藉著在下午稍晚時招開會議，可以使會議或委員會在短時間內下決策：「大部份的人都急著想早一點回家。所以不會講一些廢話。隨著時間地過去，與會者愈能集中注意力於問題上。結果若是在上午需要三個鐘頭的會議，這時只要一個小時，甚至不到一個小時就能結束了。」

2.站著開會

　　也有些管理者鼓勵「站著開會」。他雖然是某報社的社長，但卻沒有正式的辦公桌。代而為了能夠與社員們討論，常常來回於辦公室或工廠。據他表示，站著時即不需要像開會那樣的準備，而且可以迅速的下決定，也比較有效果。討論起來也不致於產生滔滔不絕的情形。

3.午餐前開會

　　也有管理者說：「有關於工作之會議，我總喜歡在午餐前召開。因為大家都肚子餓了，所以不會講一些沒有意義的話而浪費時間，自然而然能夠投身於討論中，使會議進行迅速。而會議完畢之後，

大家一起吃中飯，盡情地談笑。利用這個方法，以前需要二個小時的會議，現在只要一小時就可以結束了。

4. 限制開會的時間

有些公司的幹部把自己主持的會議的時間限定在一小時以內，交待別人時間到了便按鈴提醒他。他說：

「如果在預計的時間內無法做成決議的問題，可能是比較大的問題，所以不妨先在私底下商量好之後再處理。」

又如，有些人提議在會議室的牆壁上掛一個能夠表示「剩餘時間」的時鐘。當每次大家看到時鐘時，便能知道時間一分一秒的過去，可以避免會議拉得太長。

某個公司在衡量會議的改善成果時發現，在公司裏的重要委員會，把會議時間從平均三小時半縮短到了一小時半，而且預定的議題也能夠完成消化。

關於會議的調查結果顯示，大部份的會議絕對不要持續一個半鐘頭以上。否則容易產生疲勞與不耐煩，與會者也覺得沒有興趣。

事先把限制時間告訴與會者，可以使他們產生緊張感，會以比較認真的態度來參加會議。

5. 要有事前的準備

有些公司規定在沒有經過以下四個階段之前，不得提出議程。

① 謹慎深入檢討議題。

② 研究問題的原因。

③ 想出可能的解決對策。

④ 準備建議案。

在這個公司裏，不僅是開會上，電話的使用情形也適用這個原則。他說：

「由於這個方法，使我們再也不會被瑣碎的事情佔去太多時間，而且我們也漸漸瞭解許多事情根本不需要開會，個人在私底下商談便可解決問題了。」

6.讓代理者出席

不管是被要求參加的會議，或是自己主持的會議，藉著讓代理者出席會議，可以節省自己的時間。代理者只要把談話內容記下來，事後再向你報告即可。

有些會議並不需要從頭到尾都出席。這時候，可以在會議剛開始時派代理者出席。不然也可以在會議開始時自己先出席說明事情之後，再由代理者參加，使會議順利進行。

心得欄 ┈┈┈┈┈┈┈┈┈┈┈┈┈┈┈┈┈┈┈┈┈┈┈┈┈┈┈┈┈┈┈┈┈┈┈┈

┈┈

┈┈

┈┈

┈┈

┈┈

16

要提高傾聽的效果

　　妮蘭為一家公司新產品上市的公關計劃做了認真的準備工作，今天的會議上，她將與市場部的經理凡卡討論這個計劃，從而縮短公關戰役的長度。最近幾個月裏，妮蘭一直在學習如何更好地傾聽，在這個關鍵會議上，可要派上用場了。

　　由於確實對工作花了很大的心思，妮蘭信心十足。會議一開始，凡卡對妮蘭的計劃提出了一系列問題。他認為妮蘭必須重做部份工作，因為這個計劃不是很適合上市產品的需求。對於凡卡的評論，妮蘭感到很激動，但是她控制了自己的情緒，她沒有爭論而是轉變成了傾聽者。她首先提出問題讓凡卡依次講解他關注的事情。每次凡卡解釋完之後，她都口頭回覆表示明白了他的意思。積極傾聽了幾分鐘之後，凡卡確認妮蘭明白了他所有的顧慮。

　　由於完全聽懂了凡卡的顧慮，妮蘭講的時候，只講凡卡特別關注的公共關係部份，並解釋這些計劃如何能消除他的顧慮。等她講完之後，凡卡微笑著說，這個計劃看來妙極了，而且能夠真正發揮作用。之後，他讚揚了妮蘭出色的工作。妮蘭

成功的應用傾聽技巧避免了無謂的爭論。

聆聽是一種溝通技巧，也許有人認為：「不就是聽嗎？」，其實不然，這裏面大有學問。聆聽也有效率高低之分，按照以下原則可以大大提高聆聽效果。

第一步：收聽

在這個階段，注意認真聽，別講話。應該保持目光接觸，確定自己聽到對方的資訊。可以重覆對方的部份話語，表示您在聽。大家都喜歡好的聽眾，而不是好的說話者。

第二步：解讀

如果無法理解說話人傳遞的資訊，就會導致誤解。因為每個人的經歷、知識水準、背景和態度的差異，使彼此對同一說法的解讀會有所不同。

別匆忙下結論，許多人覺得掌握了話題的重點，或者知道接下來說話人要說什麼時，就開始變得漫不經心。這樣做可能會錯失說話人真正要表達的意思，發生誤解。

第三步：評估

海納百川，有容乃大。要有開放的胸懷，接收別人的觀點，別只聽那些支持您個人想法和觀點的陳述，或者只注意您感興趣的部份。畢竟，聆聽的重點是獲得新資訊。在收到資訊後，要對資訊的真實性、有效性、可靠性、完整性、科學性和相關性進行分析評價，根據評估決定如何處理接收到的資訊。

在聆聽時，不僅要領會說話人說出的意思，還要聽出言外之意。從說話者的音調、面部表情和姿勢中，可以找出許多線索，來

瞭解說話者的弦外之音。

第四步：對聽到的資訊做出反應

用口語或視覺動作，讓對方知道您已經接到資訊。要有耐心，適當鼓勵對方講話，並告訴對方您的反應。如果您不確定對方說什麼，就應該提問，可以說：「你的意思是……？」、「你是說……？」也可以用自己的說法，再覆述一次說話人的話，來確定自己完全瞭解對方的意思。說話人會感謝您對他說的話感興趣，也會覺得您真在聽他說話。

以上就是聆聽的過程，良好的溝通是通過上述過程不斷反覆實現的。作為一項重要的管理技能，職業經理人應該掌握並應用它。

心得欄 _____

_____

_____

_____

_____

17
要利用電話提高效率

甲：「對不起，給你打這個電話真是不好意思，打擾了！」

乙：「沒關係。」

甲：「對了，其實那天早上我已經把貨給你們送過去了。」

乙：「哦⋯⋯」(什麼貨)

甲：「但你們那邊說沒收到，不知道什麼原因？」

乙：「喔⋯⋯」

甲：「所以，我想問一問。」

乙：(終於忍不住了)「先生，請問您是那位？」

甲：「哦！對不起，打錯電話了！」

看了以上打電話的一個例子，您有何感想？電話的功能有很多，也是很實用的商業工具，但是大部份人只使用了電話最簡單的功能。如果合理運用其他功能，一定能夠大大提高您的工作效率。

1. 掌握電話的特殊功能

記憶撥號。您可以把一些重要的電話號碼儲存起來，利用 1～2 個簡單代碼撥號，這樣可以省下很多時間。不用再撥長長的十幾位數，而且還面臨撥錯號的尷尬。如果第一次撥的時候佔線，過一會

再打的時候可以使用重撥鍵。

答錄機。使用有來電顯示的電話，您可以方便的決定是立即回覆還是稍後再答覆。使用答錄機，可以在您忙碌或者不在時錄下留言，等方便的時候再回電話。

免提操作。當您接聽電話時，可能需要查地圖、藍圖、文件等，一手拿電話一手查閱可能很不方便。如果使用「免提操作」的通話方式，您就可以安心進行查閱。

呼叫轉移。該功能允許您將自己的電話轉接到另一部電話上，如果使用這項功能，您可以隨時隨地接聽您的電話，不必死守在原來的電話旁邊。

2.迅速接聽電話

當有自己的電話時，盡可能在電話的第一或者第二聲後，迅速接聽打電話時記住：用愉悅的聲音來打電話。如果在打電話時表現出無禮或者不高興的語氣，大家可能會避免與您交往。禮貌和親切能夠讓您跟客戶的關係更融洽。

3.表明身份

當您主動打電話時，先表明公司或自己的身份，這樣有利於快速進入交流，同時這也是商務禮儀，能夠給人留下良好的印象。打電話前一定要想好講什麼，按照什麼順序，重點是什麼。在談話中，簡單寒暄一下，儘量長話短說。

4.直入主題

在打電話或等電話時，先想想說什麼，重點是什麼，需要的話可以在紙上寫下要講的重點。在簡單的寒暄之後，直接切入主題。

不要漫無目的地閒聊，等閒聊了大半天，才想起最重要的事還沒說呢，然後匆匆了事。

5.善用移動電話

在資訊產業高速發展的今天，電話的使用日趨頻繁。但電話的效果是雙重的，使用不當可能成為浪費時間的因素，合理使用則可以大大提高工作效率。

心得欄 _

_ _

_ _

_ _

_ _

_ _

18

要使用高科技帶來的高效武器

人是世界上最智慧的動物，因為人可以製造工具、利用工具，將自己的能力一千倍一萬倍地擴展。

現在科學技術日新月異，身邊出現越來越多的數碼產品和高科技辦公用品，善於使用這些東西，不但能夠節省時間，還能讓你和時間「打通關系」，讓時間對你更加青睞，讓你的任務完成得最高效。

1. 善用電話的省時功能

電話的省時功能最主要的是，可以縮短時空的距離。那怕相隔萬里的兩個人，在瞬間就可以完成信息的交流。利用電話的省時功能，可以使用電話處理信息，絕對不親自面談。面談不僅要浪費協調見面地點的時間，走路的時間，還要把面談中的各種閒話的時間計算到其中。面談的時候，人往往更樂於多說一些閒話，由於話費的存在，電話中人的話要少很多。可以電話訂購的一般物品，不必親自去超市買。至於時間特別緊張的時候，電話更可以幫上大忙，直接一通電話，一個外賣就會送來，午飯的時間就節省了。

電話的來電顯示，是另一個節省時間的法寶。在接電話前，可以通過對方來電的號碼就可以判定對方的方位和身份，從而決定是

否接聽，節省時間，提高效率。稍稍計算一下，你每天浪費在不必要的電話如推銷打錯電話的時間，你就能瞬間明白來電顯示將會為你帶來的好處。其次，接到那些推銷、騷擾的電話，留意一下號碼，日後再也不用接聽，可以消除下次被騷擾浪費時間的隱患。

另外一個可以利用的電話功能是電話預約。在一些活動之前，通過電話預約，約定好見面、會議或者其他事務的時間。沒有預約，你興沖沖地跑過去拜訪某人，突然發現某人已經出差了。電話預約，可以使雙方都能合理地安排好自己的時間，免去了吃閉門羹的危險，節省了等待的時間。

需要注意的是，在使用電話的時候，也要注意節制，使用電話時應開門見山，長話短說；打電話前應先列出講話要點，以免遺漏；此外，還要注意控制談話的節奏，甚至為通話計時，不要讓電話變成閒聊浪費時間的工具。

2. 多用電子郵件

傳統的郵件費時費資費力，一般除了實物郵寄或者想要那種親筆書寫的感覺，都不宜採用這種方式。與傳統郵件相比，電子郵件具有免費、省時、省力和節約空間四大優點，孰優孰劣，顯而易見。

電子郵件是人類另一件能夠極大促進人們交流效率的發明，它誕生於 36 年前的美國。因為以 internet 為依託，E-mail 操作簡便，傳輸迅速，而且容量也越來越大，已逐漸成為效率社會的必須工具。

在節約時間的課堂裏，這個基本的高科技工具是一定要掌握的。目前電子郵件的容量普遍可以變為十幾 M，可以傳送文檔、小

的軟體、歌曲或壓縮包，而且新的可以傳輸更大附件的技術正在開發中，不久的將來，用郵箱傳輸電影都將不是問題。而且通過電子郵件，可以很方便地進行通知的發佈（群信方式），提供資源分享（建立公共郵箱），獲得最新的消息（訂閱新聞）和信息的整理保存。在信息爆炸的當代，有這樣一個好幫手的確可以節省自己很多寶貴的時間。

當然，電子郵件也並非萬能。首先，它不具備即時性的優點，也就是說，如果一件事情迫在眉睫，那發郵件並不是一個明智之舉，還是應該使用電話等即時通訊工具，以免貽誤。另外，郵件在傳輸過程中會經過多道網路程序，秘密性質的文件宜小心對待，防止洩露。郵件也有可能丟失，雖然概率很小。

和手機相比，使用電子郵件最大的好處是，人可以完全地掌控回覆的主動性。手機鈴聲響起，一個電話打過來，瞬間你便陷入了被動，拒絕接聽最大的可能性是讓對方憤怒甚而質問；而當你收到一封電子郵件，你完全可以根據自己的需要，回覆那些你覺得重要的郵件，忽略那些沒有意義，只能浪費你時間的郵件。

3.能用傳真發送的資料，絕不郵寄

傳真是近二十多年發展最快的非話電信業務。就結構和工作原理而言，傳真機像一台帶有印表機、掃描器、數據機的專用電腦。

它是一種將文字、圖表、相片等記錄在紙面上的靜止圖像，通過掃描和光電變換，變成電信號，經各類通道傳送到目的地，在接收端通過一系列逆變換過程，獲得與發送原稿相似記錄副本的通信方式。

　　傳真具有傳統郵件和電子郵件都無法比擬的優勢。首先，它具有快捷高效性，一份傳真幾分鐘內就可以搞定，不像傳統郵件需要在漫漫長途中等待幾天。並且它能夠保持材料的原樣，在需要各類證件、正式材料或者其他紙質文件等場合的傳送過程中可謂大派用場，這一點電子郵件也只能黯然失色。而且傳真可以保證不遺失文件（丟失了可以立即發現並且補發），不會造成傳統郵件或電子郵件都可能造成的這類損失。

　　傳真在很多緊急關頭可以妙手回春。舉個例子，席捲全球數億美元票房的大片《諜影重重 3》中，裏面有一個男主角叫傑森・波恩。他憑藉著超人的膽識、敏銳的感覺、迅捷的身手和可愛的性格，相信早已取代 007，成為很多人的新寵了。但我們這裏出場的主角並不是他，而是潘蜜拉・蘭蒂，CIA 總部的一個女高官，也是一個一度被蒙在鼓裏為壞人利用的好人。當她發現了 boss 的犯罪檔案卻被追擊時，她急中生智設法進了一家傳真室，把證據檔案通過傳真傳輸給了國會。這樣在 boss 趕到時，殺人滅口已經遲了，只會更證實了犯罪事實。於是潘蜜拉就這樣利用了傳真完成自救並且揭露了 boss 的罪惡行徑。

　　傳真是個可以救場的通訊工具，也是一個華麗的信息美人。能夠恰當地利用傳真，可以在焦頭爛額之時頓感神清氣爽，心曠神怡，讓自己遊刃有餘。但是，傳真是救命稻草，不是日常玩具，它不像電郵那樣費用低廉，所以用傳真取代郵寄是可以的，千萬不要用來傳送大部頭的書籍之類，除非是十萬火急，否則既是一種資源的浪費，也真是得不償失了。

4.實行聯網辦公，節省存儲及信息查找的時間

　　網路是一種資源分享的平台，是信息的海洋。能夠在這廣袤海洋中閒庭信步是一種心境，能夠從這信息的萬花叢中採到自己想要的那朵花是一種本事。如果我們做不到那樣超然世外，或者這般遊刃有餘，那麼我們至少可以學會輕巧地借用別人二次篩選的成果──而這種方式，就是聯網。

　　聯網辦公是區別於單機工作的另一種方式，它通過多個不同主機之間的信息共用，達到提高效率和節省時間的目的。聯網辦公是一種新興的工作方式，具有很大的成長優勢。簡而言之，聯網辦公的好處至少有簡化資源分享、促使速度更快和便於集中化管理，從而極大地節省了存儲及信息查找的時間，促進了工作效率的提高。

心得欄

第 六 章

你的工作要分清楚輕重緩急

1

各項工作的優先順序種類

　　雖然在企業內制定了計劃，但是，每天要面對大大小小的許多工作，職業經理人面臨著一個困惑：先做那件事、後做那件事？去做那些事、不去做那些事呢？這裏面是有規律可循的。對事務的重要程度和優先順序的排列品質，直接決定了您將取得的成就的大小。分清處理事務的輕重緩急是時間管理的一項重要法則。

　　職業經理人有時面臨很多工作：要參加會議，要會見客戶，要

打電話，還要為下屬分配工作……由於在工作時要處理的事很多，處理不好工作的先後順序往往會影響重要工作的進度。這時候，您需要正確確定各項工作的優先順序。

1. 明確行動目標

每天要做的事很多，有些重要，有些次要，有些緊急，有些可以緩一緩。每個經理人都應該有自己的目標。明確了行動目標，就可以判斷這些事情的重要性和緊急性，然後按照順序進行處理。

2. 先做重要且緊急的事

這是任何一位管理者首先要做的事，因為它的重要性和緊急性，所以它比任何事都要優先得到處理，除非幾件重要且緊急的事同時出現（那您的時間管理問題就太大了），否則就應該先做這樣的事情。

3. 接著做重要但不緊急的事

工作中大多數人都是先「救急」而忽視了重要的事，對這類工作的處理，最能判斷一個人辦事有沒有效率。例如參加管理技能訓練、向上級提出改進營運方式的建議、培養接班人甚至定期去醫院做健康檢查等都是重要的，但卻不是緊迫的事。它們往往因不具緊迫性而被無限期地延遲辦理。因此，在處理完重要且緊急的事情後，應該拿出精力來做這些重要但不緊急的事情。

4. 然後做緊迫但不重要的事

這一類事情表面看來是需要立即採取行動的事情，但如果客觀的分析一下，我們就應該把它放在第三類優先順序裏去。例如不速之客的拜訪、外來的電話等等。如果按事情的「緩急程度」來辦事，

疲於應付這類事，只能眼睜睜地看著重要任務完不成，使自己經常處於危機或緊急狀態之下。

確定工作優先順序有兩個依據：根據緊急性或根據重要性。要把主要精力放在獲得回報最大的事情上，而別將時間花費在對成功無益或很少益處的事情上，儘管它們有時也很緊急。

5.最後處理不緊迫也不重要的事

不緊迫也不重要的事，在安排工作順序的時候，就可以將它們排在最後處理或交給其他人處理，或者乾脆不做。有的人之所以在做重要的事之前先做這類事，是為了找到一種感覺自己工作效率很高的自我滿足感。

綜上所述，新一代時間管理理論把事情分為輕重緩急，優先順序，只有始終抓住最重要的事，才是最佳的時間管理，才是最好的節約時間的方法。

年度業務報告的編制是一個典型的被誤以為是「緊迫但不重要的事」的實例。

任何一位管理者都承認，業務報告的編制是極其重要的事。但若現在距離提出年度業務報告的截止日期尚有兩個月時間，則一般管理者大概都會將它視為今天「可以」做的事。既然它是「今天可以做的事」，它也是「今天可以不做的事」，因此，它將不斷地被拖延下去。直到截止日期之前數天，這些管理者才如臨大敵般地處理「緊急事件」。結果不是遲交了業務報告，就是草率地應付了事。經過了這一番掙扎之後，這些管理者信誓旦旦地下定決心，下一年度的業務報告將提早準備。但是除非他們能徹底改變按照「緩急程度」

辦事的習慣，合理確定優先順序，否則到了下一年度他們仍將重蹈覆轍。

心得欄

2
如何確定工作的優先順序

··

日常工作中常會面臨這種情況：要做的事務很多，卻因時間有限，陷入一片混亂，不知該從何下手。這種情況如何處理呢？

1. 列出需要處理的事務

找一張白紙，想到什麼寫什麼，把特定時期（例如一週、一天等）要做的事依次列出來，寫出您的待辦工作表。

2. 按照 ABC 法則分類，在每項事務前標註類型

我們可以根據重要性來規定優先順序，而以緊急性作為次要但也是重要的考慮因素。對每一項工作做如下思考：「這件事是不是有助於達到我的長期目標或短期目標？」

如果非常有助於達成目標，即最重要的事標註為 A。A 類──必須做的事，是指與實現自己的目標相關的關鍵事務，例如管理性指導、重要的客戶約見、重要的期限臨近，能帶來領先優勢或成功的機會。

如果對達到目標具有一般的重要性，即次重要的事標註為 B。B類──應該做的事，這是指具有中等價值的事務，這類事務有助於提高企業業績，但不是關鍵性的。

如果對達到目標起的作用不大，即不重要的事標註為 C。C
類——可以做的事，價值較低的一類事務，無論這些事務多麼有趣
或緊急，都應該拖後處理。

3.按優先順序調整

按照優先順序，寫下自己的工作安排。一般來講，處理 A 類工
作應佔全部工作時間的 60%～80%。

A 類優先——必須做的事：

B 類優先——應該做的事：

C 類優先——可以做的事；

明確了類別，全力以赴地投入 A 類工作，直到完成或取得預期
效果後，再轉入 B 類工作。如果不能完成 B 類工作，可以考慮授權。
儘量少在 C 類工作上花費時間。最後是檢查，每隔 1～2 天檢查一下
自己的工作記錄，發現問題，及時解決。

標註優先順序時，還要考慮一個因素：時間效益性。我們認識
到，某一件工作雖然沒有另一件重要，也沒有緊急性，但是做這件
工作從時間效益上說很值得，所花的時間不多，就能把它辦好。例
如，您一天最重要的工作是擬一份報告，需要花大半天的時間。同
時您還有一些可以分給別人去做的小事。那麼，在您開始起草報告
之前，用幾分鐘的時間把這些小事分配下去，被分配到任務的人相
對就會有更多的時間去做了。這顯然是很有道理的。

通過以上清單，我們就可以理清思路，知道優先做什麼，重點
在那裏，不至於按照自己的喜好來做事或者不知從何下手。

有一天，時間管理專家為一群商學院的學生講課，他現場

做的演示給學生留下了深刻的印象。站在那些高智商、高學歷的學生前，他說:「我們做個小實驗」，然後拿出一個廣口瓶放在他面前的桌子上。隨後他取出一堆拳頭大小的石塊，仔細地一塊一塊地放進瓶子裏，直到石塊高出瓶口，再也放不下了。他問到;「瓶子滿了嗎?」所有學生答到:「滿了」。

　　時間管理專家反問:「真的嗎?」他伸手從桌下拿出一桶很小的小石塊，倒了進去，並敲擊玻璃瓶壁使小碎石填滿下面大石塊的空隙。「現在瓶子滿了嗎?」他第二次問。這一次學生似乎有些明白了，「可能還沒有」。一位學生回應道。

　　「很好!」專家說。他伸手從桌下拿出一桶沙子，開始慢慢倒進玻璃瓶，沙子填滿了石塊和碎石的間隙。「瓶子滿了嗎?」「沒滿!」學生大聲說。他再一次說:「很好。」然後，他拿過一壺水倒進玻璃瓶直到水面與瓶口齊平。他抬頭看著學生，問道:「這個例子說明什麼?

　　一個心急的學生舉手發言:「它告訴我們:無論自己的時間多麼緊湊，如果確實努力，就可以做更多的事。」

　　「不!」時間管理專家說:「那不是它真正的意思。這個例子告訴我們:如果不是先放大石塊，以後再努力也不能把這麼多東西放進瓶子裏。」

　　您工作中的大石塊是什麼?不管是什麼，請記住，要在最短的時間做最多的事情，一定首先放「大石塊」，即先做最重要的事。

3

時間管理的柏拉圖 80/20 法則

「80/20 法則」是 19 世紀末由義大利經濟學家及社會學家柏拉圖提出來的，他當時發現 20%的義大利人口支配著 80%的國民財富，引申意思是任何一組東西之中，最重要的通常只佔其中的一小部份。此法則又稱「猶太法則」或「柏拉圖法則」。這一法則也適用於時間管理。

80/20 法則主張：一個團體中的重要項目，是由團體中小部份的比例引起的，或者說 80%的結果可以用 20%的時間來取得。例如，公司 20%的業務員，完成了公司 80%的營業額；在一次會議上，20%的人發表的談話佔到全部談話時間的 80%。重要的東西只佔很小一部份，因此，只需集中處理工作中比例很小的 20%的工作，就可解決 80%的問題。

投入	造成	產出
使用 80%時間 （次要的多數）		成果的 2%
20%時間 （重要的少數）		成果的 80%

這裏介紹一種判斷什麼是能為您帶來 80%價值的 20%的方法。每天早上坐在辦公桌前，首先拿出筆和紙來，認真寫下當天自己想要完成的 10 件事情或更多，按照重要性排列，其中，前幾項就是重要的 20%。當天就按照這個次序去工作。也就是按照重要性的次序來做事。

使用 80/20 法則前	使用 80/20 法則後
會見所有想見的	由秘書過濾和預約，只會見我想見、帶來較多利潤的人
接聽所有電話	由秘書過濾，只接重要電話
會議時間一拖再拖	會議時間少 70%～80%，而且會議效果很好
自己處理所有文件	只批閱重要的少數文件
平均分配客戶服務時間	把 80%的時間用在少數大客戶上
結果：忙碌不堪、收入不高	有足夠時間、悠閒，收入增加 80%

當面對一系列有待完成的工作時，在有限的時間裏，它們看起來似乎是不可能一一完成的，這時我們難免心存畏懼，於是大多數人在還未做工作之前就已感到洩氣，或者乾脆做容易的，把難做的事情留在後面，結果永遠辦不成最難的事情。其實，這時最好的辦法就是應該仔細分析一下，列出其中幾項關鍵工作，集中主要精力做好這幾件工作，要知道只要這幾項做好了，就可以獲得很大的好處。例如，企業 20%的客戶為企業帶來 80%的收入，所以我們要對客戶進行分級管理。80%的產品殘缺是由 20%的工人造成的，所以我們要找出那 20%的人，進行專門培訓。請記住：集中精力在能獲得

最大回報的事情上，別花費時間在對成功無益的事情上。

　　從上表可以看出，20/80 法則是一個非常實用的辦法。從今天開始吧，按照 20/80 法則找到運用時間的最佳點。

　　莫爾大學畢業後，在哥利登油漆公司找到一份業務員的工作。當時的月薪是 160 美元，但滿懷雄心壯志的他仍擬訂了一個月薪1000 美元的目標。

　　當莫爾逐漸對工作感到得心應手後，他立即拿出客戶資料以及銷售圖表，以確認大部份的業績來自那些客戶。他發現，大約 80%的業績都來自於 20%的客戶中，與此同時，不管客戶的購買量大小，他花在每個客戶身上的時間卻都是一樣的。於是，莫爾的下一步就是將其中購買量最小的 36 個客戶退回公司，然後全力服務其餘的20%的客戶。

　　結果如何？第一年，他就實現了月薪 1000 美元的目標，第二年便輕易地超越了這個目標，成為美國西海岸數一數二的油漆製造商。最後還當了凱利穆油漆公司（Kelly-Moore Paint Company）的董事長。

4

分清楚那些是輕重緩急

　　工作勤奮而沒有取得多少成就的人在生活中比比皆是。這是因為他們在工作中常犯一個錯誤，那就是分不清主次輕重。他們常常是揀了芝麻丟西瓜。雖然小事幹得又多又好，卻成效不大，因為那畢竟是小事啊。而真正重要的大事卻常常被他們忽視，因為小事已經佔用了他們大部份的時間和精力。

　　許多人每天被繁雜的事務弄得焦頭爛額、頭暈目眩，如堆滿桌子的文件，一個接一個的電話，不斷來訪的客人，顧客的投訴抱怨……而一個高效率的人士卻能夠從容地應對這一切。他們懂得如何把重要緊急的事放在第一位，控制自己不會變成一個工作狂。他們懂得如何授權給別人，如何減少干擾、如何集中注意力，利用好精力充沛的時間，他們有效地主持會議，訓練自己快速而有效地閱讀……因為他們養成了一個良好的習慣——如何分清輕重緩急。

　　令人遺憾的是，很多人常常把注意力集中在一些根本不會給他們帶來任何成就感和快樂的工作項目及其他活動上。他們工作勤奮但卻不知道自己活動的真正目的是什麼，那麼他的工作就是毫無意義的。當你正在為一些錯誤的事情而工作時，無論付出多少汗水都

是白搭。提高工作效率的一個重要途徑就是遵循 80/20 法則。

　　100 多年前，義大利經濟學家柏拉圖提出了 80/20 法則。這個法則告訴人們：我們 80%的收入來源於我們 20%的工作。從另一個角度說，我們浪費了 80%的時間，或者沒有對這 80%的時間進行最充分的利用。

　　80/20 法則表明：只有那些將剩餘的 80%行為中的一大部份也投入在創造收入的行為中的人，才可以大幅度地提高自己的工作效率。

　　事實上，在每一項工作中都包括了一些關鍵性的任務，也就是最後決定了事情成敗的少數關鍵行為，我們必須將自己的注意力放在這一部份上。讓人感到吃驚的是，通常情況下，從事創造優異成績的行為並不像我們想像的那麼難。因此，一個人的成功之處並非在於他們做的是異常艱巨的事情，而是因為他們將一些簡單的事情完成得非常出色。關鍵只在於：他們在做這些事情！

　　一個忘記最重要事情的人，會成為瑣事的奴隸。有人曾經說過，「智慧就是懂得該忽視什麼東西的藝術」。人們要發揮自己的潛力，要全神貫注於自己有優勢並一定會有回報的方面。當你不停地在自己有優勢的方面努力時，這些優勢會進一步發展。

　　高效率人士往往善於找出並設法控制那些最能影響他們工作的重要的事情。這樣，他們工作起來就會比一般人更為輕鬆愉快。從一大堆不重要的事情中抽出重要的事情，這樣，他們等於為自己的槓桿找到了合適的支點，只要用小指頭輕輕一撥，就能移動原先即使整個身體也無法移動的沉重工作。

有很多人對於在報上所看到的所有消息全部接受，而不會加以分析；他們對別人的判斷，也是根據這些人的敵人、競爭者或者同時代的人評語。這種人一開口說話時，通常都是這樣說：「我從報上看到……」或者是「他們說……」這說明這些人還沒有養成重點思維的習慣。高效率人士則善於從一大堆事情中分離出重要的事實。因為他們知道，報紙的報導並不是一定正確。當然，在新聞報導和他人的傳言中也包含很多真理與事實，但是聰明人都不會把他所看到的以及所聽到的全盤接受下來。

養成重點思維，就是避免眉毛鬍子一把抓，要分清主次。這樣做可以使你避免被不重要的事情引入歧途。某件事情很有趣並不意味著它就值得去做。即使這件事情是有幫助的，但並不一定意味著這件事情就是值得做的。關鍵是在於它是否比你能從事的其他事情更有幫助？根據這種思考，你要決定自己是否有必要做這個事情。

做事情如果不能把握關鍵所在，常常是付出大量的人力、物力和財力，結果卻收效甚微。出力不討好。相反地，如果能夠瞭解事物的關鍵所在，結果就會完全不同。

平時，我們要經常思考一下，有那一件你可以做但現在沒有做的事，如果你經常做會使你個人的生活發生巨大的積極變化？人們常犯的一個錯誤是把緊急的當成重要的。

確定一項工作是否值得去做，有兩個標準是緊急和重要。緊急意味著需要立即注意，是「現在」。例如，電話鈴響了是緊急的，很少有人會讓電話鈴一直響著而不去接。你可以花好幾個小時準備會議材料，你可以換上正式的服裝後再去一個人的辦公室討論某個問

題。但是，如果這時你的電話鈴響了，你要暫時放下你的私人訪問去接電話。

緊急的事通常是明顯易見的。它會給我們造成壓力，逼迫我們馬上採取行動。但是它們卻經常是並不重要的。

一件事情重要與否同完成這項事情的結果有關。重要的事情是那些會對你的使命、價值觀、優先的目標有幫助的事。

一般，人們對緊急的事會很快做出反應。但是，那些重要而不緊急的事要求人們具有更多的主動性和積極性。我們應該主動行動以抓住機會，促成事情的發生。如果你不具有積極主動的習慣，不清楚什麼重要，不清楚你希望自己的生活產生什麼結果，你就很容易把緊急的事情當成重要的事情。

先思考，再行動。太多的人被捲入了很多的瑣碎而不重要的事務中，因為他們根本就沒仔細想過自己做這件事的成效是什麼。結果，他們在沒有成果的活動上耗費了自己大部份的精力。因此他們不斷地感到自己壓力過大和時間缺乏。

決定什麼重要並確保自己集中精力做好這些事情的能力，是擁有高效率工作方式的基本條件。歌德說過：「最重要的事情，可千萬別被那些最不重要的事情隨意擺佈，永遠不要。」事實上，人們在生活中所做的大部份事情對於我們實現快樂和滿足都沒什麼價值。

倘若你常把自己 80%的時間花在那些並不重要的事情上，此時你就一定要重新評估一下自己想要在這些事情上花多少時間。為了讓時間利用率得到最大優化，為了能在工作中得到更多的成功，你要試著比普通人多思考一些，學會先做重要的事。

5

把重要的事情擺在前面

···

　　人們總是先考慮最緊急的事情，而忘了最重要的事情。這是人們工作效率低下的根源之一。管理好自己的時間，提高工作效率的關鍵在於：分清輕重緩急，設定優先順序。只有那些在工作中能始終抓住「重要」事情的人，最容易取得成功，擁有快樂。

　　人們的時間和精力是有限的，沒有一個良好的時間管理方法，面對突然湧來的大量事務人們會變得手足無措。面對錯綜複雜的事務，要想應付自如，得心應手，需要根據你的計劃和目標，科學地管理好自己的時間。

　　實踐中人們要學會運用時間管理。這樣，凡是有利於實現目標的事務都是重要的，越有利於實現核心目標的事務就越重要。確定事情的輕重緩急，然後，堅持按重要性優先排序的原則做事，你將會發現，再沒有其他辦法比按重要性辦事更能有效地利用時間了。

　　一位管理學大師曾在大學生中做過這樣一個「震撼人心」的實驗。

　　他告訴學生，假定一個人只剩半年的生命，該如何好好把握這最後的學習機會。於是，學生們紛紛寫出自己在這種情況

下的學習計劃。當學生有了不少新的感受和發現後，大師又問學生當生命只有一週時間，怎樣面對生活。學生們開始從不同角度來檢討自己，並把每一天的心得體會寫下來。

最後，大師要求學生假定只剩一天的生命，該如何去做。

結果，有人開始給父母寫信，表達對父母的愛；有人則與感情不睦的手足和好……人們的行為實在發人深省。

大師在這個實驗中，發現了人們應該做最重要的事情這個道理。

在工作中，一些人常常會感到面對緊急但不重要的事情和重要但不緊急的事情時，不知道選擇先做那個好。法國哲學家布萊斯·巴斯卡也曾經有過類似的困惑，他說：「把什麼放在第一位，是人們最難懂得的。」許多人完全不知道怎樣把工作的任務和責任按重要性排列。他們以為工作本身就是成績，這是很容易為人們認可的錯誤的看法。

根據事情的緊迫感，而不是事情的重要程度來安排工作的先後順序，這種工作方法是盲目和被動的。提高工作效率，有效利用時間的關鍵在於：分清輕重緩急，設定優先順序。

面對每天大大小小、紛繁複雜的事情，如何分清各種工作的輕重與主次，把時間用在最「重要」的地方呢？人們可以依據下面的兩個判斷標準來進行操作：

首先，你必須問自己那些工作是自己非做不可的？

這句話包括兩個方面的意思：是否必須做？是否必須由我做？非做不可，但並非一定要你親自做的事情，你也可以委派別人替你

去做，自己只負責督促。

其次，問能夠為自己帶來最高回報的工作是什麼？

那些可以給自己帶來「最高回報」的事情，即是符合「目標要求」或自己會比別人幹得更高效的事情。最高回報的地方，也就是最有生產力的地方。80/20 法則告訴我們，我們應該用 80%的時間做那些能帶來最高回報的事情，而用 20%的時間做其他事情。曾經那些企業家把下班後加班加點的人視為最好的員工，如今很多人改變了這種看法。現在他們認為一個員工靠加班加點來完成工作，說明他很可能不具備在規定時間內完成任務的能力，無法有效地安排自己的時間和工作，工作效率低下。因此，在工作中人們不僅僅只是強調勤奮，還必須講效率。

你完全可以按照上述步驟，在工作中應用一下，使自己的精力、時間和工作安排得更加合理。這樣在工作中才不會浪費時間，不會擾亂自己的神志，辦事效率也才會提高。高效率會使你的時間變得更加充足，你的事業也會依照預定的計劃發展。

6

先做最有把握的事情

　　如果一上來就要做最困難的事，那麼你將會很容易遭受失敗。例如，把一項巨大的任務交給剛剛進公司的新手，他常常無法一下子就能夠把問題解決好。只有在他積累了豐富的經驗之後，才能夠順利完成任務。而每一個剛從事某一領域的工作的新人積累經驗的過程，都是先從身邊的小事做起的。在此後工作的過程中，他們也是從最容易能夠入手的地方開始，這不僅是一個條理清晰的過程，還能夠以一步一步的成功讓你充滿信心，同時也讓你的客戶充滿信心。

　　先挑選最重要的事情，然後，再從最容易、最有把握的事情做起。這是一個提高工作效率的重要方法。

　　先做最有把握的事情，好比果農在摘果子時，先摘好摘的果子。並不是意味著投機取巧，避重就輕。先做最有把握的事情是一個循序漸進的過程，我們這樣由易到難地做事，自己心裏對這個過程肯定會越來越熟悉，所以在困難越來越大時，我們能夠沈著應付，而不失方寸。並且我們在摘取了一定數量的好果子之後，心裏自然會建立起一種信心，我一定能把目標實現，進而在以後的旅途中，

能夠扛得起命運的重擔。

羅馬城不是一夜造成的,而是一天一天地逐步修建的。

那些舉重運動健將在練習舉重之初,一般都是先從他們舉得動的重量開始,經過一段時間後,才慢慢增加重量。優良的拳擊經理人,都是為自己的拳師先安排較容易對付的對手,在其積累了一定的實戰經驗之後,才逐漸地使他和較強的對手交鋒。先做最有把握的事情,這一原則可以應用到任意一個地方,無論做什麼工作,只要我們先從一個易於成功的對象開始,逐漸推展到較為困難的工作,往往會比一開始就從事高難度的工作成功幾率要高許多。

即使你在某一領域已經培養出高度技巧,稍加抑制一下自己貪功冒進的慾望,先做最有把握的事情有時也很管用。把你的目光稍微放低一些,以一種輕鬆的心情去把最有把握的事情做好,能夠增強你的信心。當一個人在學習進程中達到所謂「停滯」時,這樣做特別有用。所謂「停滯點」,便是到達那一點時,再用功也沒法獲得更多進步之處。這時若硬逼著自己衝過這個「停滯點」,便很可能產生緊張、困難等種種「習慣性的感覺」。在遇到這種現象時,舉重者可以減輕舉重之重量,而去練一會兒易舉的重量。一個在技術上明顯毫無進展的拳師,這時就會被安排與較易對付的選手比賽。阿爾伯特·頓佳拉保持世界打字速度榮譽冠軍多年,每當他達到「停滯點」或學習高峰時,他就練習「慢打」——用比平時慢一半的速度打字。

查斯特·菲爾德博士說:「從一個易於成功的對象開始,成功就顯得容易了。」

7

在正確的時間、地點，做正確的事

穆罕穆德看見一位老太太正在月光下的路旁找東西，就問老太太：「你掉了什麼？」老太太回答掉了鑰匙。於是穆罕穆德同老太太一起找，可找了很長時間也沒找到。穆罕穆德就問老太太：「你的鑰匙掉在什麼地方了？」

老太太回答：「掉在屋裏面。」

穆罕穆德奇怪地問：「既然掉在屋裏，你為什麼在外面找呢？」

老太太回答：「因為外面亮嘛！」

穆罕穆德感歎地說：「鑰匙並不是都在那些光明的地方！」

約瑟夫‧坎貝爾有句名言：「你花了一生的時間爬梯子並最終達到頂端的時候，卻發現梯子架的並不是你想上的那堵牆。」你是否發現你準備爬或正在爬的梯子是否是你想上的那堵牆？

在正確的時間，出現在正確的地方，面對正確的對象，做正確的事情，是高效率工作並獲得成功的根本。

所謂錯過就是沒有在「保質期」裏消化該消化的東西，就是沒有在正確的時間和正確的地點做正確的事情。如果你買了一袋牛奶

或者一塊蛋糕，絕大多數人都會做出正確的選擇及時地消滅它們，以免過期。但遺憾的是，在人生中的一些重大問題上，人們卻未必這麼理智和積極。

大家都知道：球場是需要好眼力的地方。最優秀的射手就是最善於捕捉戰機的人，他們總能在正確的時間出現在正確的地點上。好射手是會跑位的人，是有好眼力的人，他們的力量就在於恰到好處的致命一擊。同樣地，在正確的時間抵達正確的地點，也是所有新聞記者永遠要面對的挑戰。這也是那些優秀記者往往可以勝任多種工作的原因，因為無論是在政壇，還是在商海，他們都善於在正確的時間和地點做正確的事情。

任何時候，對於任何人或者組織而言，「做正確的事」都要遠比「正確地做事」重要。對企業的生存和發展而言，「做正確的事」是由企業戰略來解決的，「正確地做事」則是執行問題。如果做的是正確的事，即使執行中有一些偏差，其結果可能不會致命；但如果做的是錯誤的事情，即使執行得完美無缺，其結果對於企業來說也肯定是災難。

那麼，為什麼有些看起來非常完美的戰略卻遭到了失敗呢？這些戰略的失敗多半不是由於戰略實施中出現了問題，而是由於戰略本身存在缺陷。

在競爭日趨激烈的資訊化社會，要制定一個正確的戰略確實不是一件容易的事情。企業的領導人不但要應付來自市場調查和大眾傳媒的資訊洪流，還要避免被不斷湧現的形形色色的管理時尚所迷惑。這種狀況對企業的領導人提出了更高的要求──領導人要有足

夠的定力，要把握一定的戰略原則，這些原則要經得住時間的考驗。

　　凡事都要找準方向，套用成功學的一句話就是：「用正確的方法做正確的事。」

心得欄

8

錯開人群的逆勢操作法

······

逆勢操作法最初來源於股市，在華爾街，逆勢操作就是當大多數人都在買股票的時候賣出股票，當大多數人都在賣股票的時候買進股票，如果每個人都在觀望，逆勢操作者就瘋狂地大買大賣。把逆勢操作的想法靈活應用在時間管理上，同樣可以獲得滿意的效果。

1. 認識逆勢操作法

逆勢操作法的核心是，把握做某項事務的高峰期，當別人沒有來得及做某事的時候，逆勢操作去做。這樣避免了一窩蜂，可以省下等待或排隊時間，從而提高效率。

2. 應用逆勢操作法

在上班時，如果公司是彈性工作制，可以避開上班高峰，提前一個小時或半個小時坐車到公司；兌現支票時，在沒有人排隊的時候去兌現；出差住旅館，在沒有人退房的時候去退房以減少排隊的等候；在就餐時，在人潮湧入飯館前提前半小時去就餐，這時食物最好、最新鮮，還避免了排隊等候；乘坐飛機時，儘量將飛機班次安排在非高峰時段，如此一來，可以避免因飛機在跑道上等候起飛，或在天空盤旋等候降落而浪費時間。

　　每天讀一點沒人讀的東西，每天想一些沒人想的事情，意見若總是一致對思維模式沒有好處，逆向思維常常帶來意想不到的效果。

　　如果在日常工作中靈活應用逆向操作法，並養成習慣，一定能夠帶來意想不到的效果，大大節省時間。

　　某公司的經理今年已經五十多歲了，但每次上班都提前一個小時到公司，整理一下資料，清理自己的辦公桌。別人問他為什麼這麼早，他說：「早點來公司安靜，不受打擾，可以安心做自己想做的工作，而且避開了交通高峰的時間。」他還說：「到公司後，前一個小時不接任何電話，過濾一下自己的工作思路和安排一天的工作。」

　　經理的這種逆勢操作方法很值得我們借鑑和學習。

心得欄 _____

_____

_____

_____

_____

_____

9

學會先擱置問題

能夠按部就班地完成各種工作當然很好，但是實際工作中有些問題是非常棘手的，短時間內又想不出好的辦法。這時，應該學會暫時擱置問題，操作如下：

1. 不要固執，把一時難以解決的問題記錄下來

遇上一時難以解決的問題，很多人固執己見，在一個問題上花了很長的時間也沒有效果。聰明的做法是把這個問題記錄下來，暫時擱置在一旁。這樣做的好處是不用擔心會忘記這個問題，只是暫時把它從記憶中忘記，把腦子清理出一片淨土，全力投入其他的工作。

俗話說的好，一張一弛，文武之道。長時間的處於工作之中，對於一些問題可能一籌莫展，這時可以適當休息，把問題放置一下，不但對健康有益，對解決問題也有幫助。

2. 把這個問題存檔於潛意識中

雖然表面上不處理這個難題，但在潛意識裏要注意這個問題，在做其他事情的過程中偶爾想想，有時就會觸類旁通，說不定會靈感突至，難題迎刃而解。其實，現實中很多難題就是這樣解決的。

3. 從其他角度考慮這個難題

由於難題已經存在於您的潛意識當中，在其他時間，不經意的，您會發現原來可以從其他事物上或從其他角度意外地找到解決問題的線索。例如，從正面很難解決的問題，可以從反面思考解決。還可以徵求別人的意見，啟發自己的思路。有時，別人一句不經意的話就會使你茅塞頓開，順利地解決問題。

通過暫時擱置問題，可以打破原來的順序，把一些難辦的事情往後拖延，當然這種拖延只是暫時的，一旦發現解決問題的方案，應該立即著手解決。

公司A是B公司的債主，A公司的老總對B公司的老總說：「不還錢沒關係，您同意被我們收購吧！」說著，從地上黑白交雜的石堆裏撿起兩顆石子來，狡猾地笑著說：「來吧！我手中有一邊是黑石子，一邊是白石子，您選一個。如果選中白石子的話，欠的債無限期延期；如果選中黑石子的話，嘿嘿，就被我們收購！」

其實債務人清楚地看到債主拾起的兩塊都是黑色的石子，不論選那一邊，結果都一樣……。債務人一陣沉思，勉強伸出手來，指著其中的一個拳頭，做了選擇。但就在要接過石子的時候，他故意不小心將石子掉在地上。滿地都是黑白石子，誰也找不出到底那一個才是掉下來的石子。這時，債務人一臉抱歉地說：「對不起，我的石頭掉了，看看您手中的石子是什麼顏色的？」結果當然不用說，因為留在債主手中的是黑石子，所以債務人選的就是白石子，化險為夷了。

　　像這種問題，如果一味地圍繞「選擇或者不選擇」傷腦筋的話，是無法找出對策的，應該換一種角度來思考問題，才能從另外一個角度發現解決的辦法。

心得欄_____

第 七 章

要克服外界因素引起的時間浪費

1

如何克服電話干擾

約翰畢業於沃頓商學院，1992 年進入科特公司，任職於人力資源部，由於工作業績突出，2000 年晉升為人力資源總監。

最近，由於公司在市場上面臨前所未有的挑戰，他的工作變得更加繁重，他越來越感到時間的稀缺，有點力不從心，每天，他的電話多達幾十個，以致無法進行正常工作，他恨不得把電話線拔掉。

他該如何處理這麼多電話的干擾呢？

　　儘管電話的干擾很浪費時間，但有時候我們總是不得不去接電話。這是一種慣性反應，好像不中斷自己的工作去接電話，就是不負責任的表現。要克服電話的干擾，應該做到：

1. 阻斷干擾

　　很多人因為不瞭解過濾電話，不知道如何處理電話，所以讓電話干擾了自己的工作。使用過濾電話隔絕干擾的步驟如下：

　　秘書或助理直接處理。告訴秘書自己要接的是什麼類型的電話，不想接聽的是那些類型的電話。例如別人找您並沒有重要的事情，只不過一些小事，完全可以由秘書過濾。圓滑過濾的一些方法如「請您稍微等一下，我翻一下檔案」、「他現在忙著，把客人送走以後了給您回電話好嗎」。

　　轉接其他部門。如果對方的要求需要其他部門來處理，應該迅速轉接到其他部門。

　　暫緩。有些事要經理親自來辦理，當您開會或忙於其他事務時，可以讓助理暫且緩一緩，例如可以這麼說：「對不起，他現在正在開會（也許並未開會），會後馬上給您回電話好嗎？」

　　迅速接聽。如果來電事先約好，事情非常緊急、重要，秘書或助理可以直接把電話接進來，迅速接聽可以節約時間。

2. 集中回覆電話

　　在某段時間，集中回覆電話。在打電話時，應該簡明扼要，儘量縮短每次通話時間。有幾個簡單的技巧：

　　暗示對方談話即將結束；

　　提示對方您有時間限制，待會要開會；

坦率直言：拜託，過一會我有件急事，長話短說行嗎？

造成電話干擾的原因：

· 害怕冒犯別人；

· 希望保持消息靈通，不想漏掉任何資訊；

· 當別人索要資料等時，自我感覺良好；

· 享受社交的樂趣或者故意擺脫乏味的工作；

· 沒掌握終止談話的技巧；

· 沒有有效的過濾。

不要擔心漏掉細節，學會過濾電話，避免電話對工作造成不良影響。這樣，一定能夠節省很多時間，把這些時間用到重要而緊急的事情上，就能夠大大提高時間利用效果。

心得欄 ----------------------------

2

要解決文件繁雜造成的時間浪費

有的經理人，經常在桌子上堆著一些資料，如信件、待批示文件、特快郵件、雜誌……想快速處理又無從下手，既影響工作士氣，又浪費時間。主管要克服文件繁雜造成時間浪費的方法有：

1. 處理文件要果斷決策

對於有些文件，有些經理人總覺得時間足夠用，習慣拖後處理。由於拖拖拉拉，造成積累的文件越來越多。解決辦法是把文件速讀一遍，盡快處理，不能處理的暫且擱置，日後再處理。不要優柔寡斷，拖拖拉拉，拖延對事情的解決沒有任何好處。

2. 適當授權

讓文件積累的另一個原因是沒有授權。應該適當授權，讓下屬行動起來，使自己脫離瑣碎、例行的工作。同時發揮秘書的作用，讓秘書過濾文件。不要去做本來可以授權出去的事情，這是一種浪費，去做經理該做的事情。

3.拋開完美主義

量力而行，不要在一個時間裏做很多事情，應該在每一個時段專注於最有價值的事情。做事不要過分追求完美，花大量的時間把一些小事做的太完美，這本身就是一種錯誤，因為這些時間本來可以完成更多的事情。

4.設立文件管理系統

給檔案標記上符號，如用 A 表示極其重要，B 表示很重要，C 表示一般重要。然後，把檔案分類存放。還可以設計簡化文件處理系統，即減少副本，用標準格式盡可能壓縮報告的長度和數量；一些文件可交由秘書處理；文件過期就一定要銷毀，避免文件積壓；不要讓無用的文件不斷流通。如果系統化工作做的比較好，就不會因為文件繁雜而浪費時間了。

文件繁雜的原因有：

· 認為每天處理大量的文件才是主管風範；

· 優柔寡斷，拖拖拉拉；

· 沒有授權；

· 追求完美主義；

· 缺乏系統管理。

3

避免資料不全而延誤時間

作為經理人，您也許有這樣的經歷；完成任務所必須的某些資料遲遲不來，只能等下去，不但浪費時間，而且延誤了整個計劃。避免資料不全浪費時間就要做到：

1. 認清事情的重要性並排出優先順序

對於某項任務，首先判斷需要那些資料，對索取資料的優先順序和緊急性做好評估，那些資料在前，那些資料在後。然後，依據評估結果分配時間，將資料分配的優先順序標準化。同時，對於需要什麼資料，要事先溝通，如果您不說，別人怎麼會知道您需要什麼資料呢？

這樣，就能按照優先順序獲得資料，而且是工作真正需要的資料，克服了想做某事卻沒有資料的尷尬。

2. 系統管理資料

在某項工作一開始，就討論確定完成工作所需要的資料。明確了所需資料後，要盡快與相關方溝通索取。如果對方提供資料拖拖拉拉，一定要向對方說明所需資料的重要性，這樣對方就會重視起來。

　　另外，理清組織內的許可權，使權責對稱，防止需要資料的人沒權利獲得所需資料。

　　造成資料不全的原因：

‧ 未評估資料的優先順序；

‧ 溝通不暢；

‧ 沒有系統的管理資料，以致不知道需要什麼資料；

‧ 未能檢測資料的可靠性，提供無用的資料；

‧ 別人提供資料拖拖拉拉；

‧ 欠缺索取資料的職權。

　　為了防止因資料不全而耽誤時間，就要認清造成資料不全的原因，在實際工作中採取措施儘量避免。

心得欄

4
如何應對不速之客

A 公司的企業文化傾向於民主，公司認為，管理者的房門應該向任何人開放，開放政策能增加管理效能，有助於上情下達。

有一天，人力資源部總監約翰來到總經理的辦公室，與邁克商討公司培訓的事宜。經過 1 個小時的交談，他們就培訓的有關事項達成了統一的意見。送走了約翰，老總還沒坐定，又有人敲門，是一個員工，他對公司的考核有意見，於是老總又費了半個小時的口舌。剛坐下不久，又有人敲門⋯⋯

應該如何應對如此多的訪客呢？總經理陷入了沉思。

一個接一個的訪客來了，使管理者每天要面對許多次打擾。有些打擾是重要的，應該立刻處理；但有些打擾是不重要的。不速之客常常打亂了管理者的正常計劃。面對不速之客，有些人只能感歎：不速之客——想說愛你不容易。要處理好這些不速之客的打擾應該做到：

拜訪者常常會說：「我可以打擾您一分鐘嗎？」，當您發現不能儘快結束談話時，可以說：

- 我原以為這是個簡單問題，現在看來有點複雜，對不起，我早該問您花多少時間。

- 我 12 點以前要完成老闆交給我的任務，把你的事情延期到明天好嗎？

- （坦率直言，你可以開門見山地說）我真的不想讓你掃興，但是我真沒空，希望你能夠諒解。

1. 找出打擾主體

回顧一下，通常是誰在打擾您，是下屬、客戶還是朋友？這就是打擾主體。找出打擾主體有利於找出對策。

2. 防患於未然

在打擾中，通常只有 20% 是有意義的，值得您親自處理，其餘 80% 的打擾是無意義的。判斷是否有意義的標準是：與目標的實現是否有重要聯繫。明確了打擾主體，我們就可以針對無意義的打擾事先制定對策，防患於未然，減少一些不必要的打擾。

3. 到對方的地方去

因為談完一件事之後，我們通常不好意思要求對方立即離開。所以，如果距離不是太遠，我們可以到對方的辦公室去。如此一來，談完工作之後便可以馬上離開。但是前提是距離不遠，否則就不適用了。

4. 限制打擾時間

例如可以對來訪者說：「我現在很忙，只有 5 分鐘的談話時間。」這樣，對方就會直接切入主題，雙方可以迅速做出決策。如果對方說話比較囉嗦，可以通過不停地看時鐘，站立談話等方式暗示儘

早結束談話。

5. 延後處理

突然有人來拜訪，如果可以另外安排時間談話，應該延後處理。例如，打擾的人是自己的老朋友，可以說：「非常想見你，但是我現在有件急事要處理，很抱歉，做完我會儘快與你聯繫。」這樣，主動權在自己手裏，可以根據自己的精力週期另外安排一個時間，當場把約定寫在記事本上，表示會守信用。利用黃金時間全力工作，在效率下降的其他時間，接待訪客。

6. 學會過濾

和秘書一起建立一套系統來過濾干擾：對於突然而來的訪客，找您的事情不是歸您管理，可以由秘書直接交給別人來處理；對於一些不必要見面的人，可以由秘書直接阻擋回去。例如自己在開一個重要會議，把手機交給秘書並告訴秘書，會議時間禁止任何人打擾，所有的事情延後處理。如果您的上級召見您，您要儘早提到您正在進行的工作及完成期限，詢問自己是否可以晚一點到他的辦公室去討論。

7. 不要讓別人找到您

一個不是很好但是很有效的辦法就是不要讓別人找到您。當您任務特別重時，可以關門辦公，既不干擾別人也不讓別人干擾您，集中精力完成最重要的事情。

卡耐基曾經說過，無償佔用我們時間的人是生命的「殺手」，我們要勇敢地拒絕他。對於職業經理人，應該學會如何應對訪客，這對告別無意義的打擾非常重要。

5

要避免溝通不良造成的時間浪費

　　小張和小劉是同一家公司的員工，小張在客戶服務部，小劉在銷售部。小張和小劉的對話內容如下：

　　小張：「你有光明公司的新賬目嗎？我遇到個問題，想用它填個訂單。」

　　小劉：「哦，沒有！我費這麼大勁從這個新客戶這裏拿到這筆生意，交給你去填這個訂單，然後第二天就出問題。為什麼你們不能給我爭取一單生意提供一點幫助呢？」

　　小張：「你要是知道怎麼填好訂單的話我們就不會遇到問題了。」

　　小劉：「那是我應得的支持，所有問題都是我的錯，如果你們這些客戶服務部的人都知道我們做銷售的是怎樣工作才能保證你們不失業的話，你們會有更多用處的。」

　　由上述案例可以看出，溝通不良帶來的危害是顯而易見的。

　　溝通作為最重要的管理技能之一，是交流資訊、激勵員工、聯繫外部環境的主要方式，在企業內發揮著重要作用。

　　經理人的工作時間有 75%花在與人溝通上。與上級溝通不良，就可能無法完成自己的目標；與下屬溝通不良，就不能正確交辦工作。溝通不良，成為最浪費時間的因素之一。避免組織內溝通不良而造成時間浪費應做到：

　　1.明確溝通目的

　　如果目的不明確，就會一味地瞎聊；不清楚要傳達什麼資訊，就會出現一種沒有把握的態度而破壞了溝通的進行。所以，事先要清楚溝通的目的。

　　2.學會傾聽

　　要進行良好的溝通首先要學會傾聽技巧。團隊中每一個人的工作都是重要的，各有各的特點，每一個人都應該學會接納別人和尊重別人，傾聽別人的心聲，做一個好聽眾。

　　3.有效地溝通

　　選擇適當的管道。可以用口語、書面語言、電話，也可以發一個電子郵件溝通，甚至可以喝杯茶來溝通。

　　使用恰當的語言。精心表達，恰當使用肢體語言。如果沒把握，在正式溝通前可以先練習一遍。

　　建設性地處理衝突。溝通中發生衝突是不可避免的，當發生沖突時首先要控制情緒，要知道情緒對於解決問題沒有多少好處，員工之溝通不良的原因有：

　　·對溝通不良的認識不夠；

　　·沒時間溝通；

　　·沒有傾聽；

· 溝通目的不明確；

· 溝通時機不當；

· 溝通機會不夠；

· 溝通語言障礙。

溝通語言障礙不良的危害巨大，不僅造成時間浪費，而且浪費企業的其他資源。為了保持資訊交流充分準確，應該積極地改善溝通技巧，從而避免溝通不良造成的時間浪費。

心得欄

6

如何避免工作擱置造成的時間浪費

由於日常工作的疏忽，某個問題可能一拖再拖，形成工作擱置。工作擱置使正常工作不能按時完成，嚴重的還可能出現重大失誤，主管應該避免組織內的工作擱置。

1. 認清工作擱置的後果

學習記錄工作日志，評估工作擱置帶來的不良影響、造成工作擱置的干擾原因及次數，工作擱置的時間長度等，要認識到未完成工作的重要性。

2. 制定工作目標，決定優先順序，確定完成期限

如果沒有目標，就應該設定目標。把要做的事項按照優先順序排列，逐個完成，把黃金時間用來做最有價值的事情。對於擱置的工作，一定要設立一個最後完成期限。

3. 學會自我獎勵

對於擱置的工作，可以給自己定個規矩，一定要完成這項工作，當完成以後，去盡情地消遣一下，放鬆心情，恢復體力。這樣便會有生活的層次感，使每一天都過得很充實。

4. 經常整理桌面

如果辦公桌又髒又亂，就會影響您的思路，容易造成工作上的疏忽，使某一項工作一擱再擱。因此應該經常整理桌面，保持桌面整潔，這對於理清思路很有幫助。

5. 學會授權

工作擱置的原因可能是您要做的太多了，又沒有及時把工作分派出去。因此應該適當授權，讓下屬為自己分憂解難。

6. 排除干擾

如果是因為電話，不速之客等原因造成工作擱置，應該儘量排除干擾，安排足夠的時間來完成工作。

7. 儘快取得必要的資料

缺乏資料造成工作擱置的，儘快取得必要的資料，並查清資料的出處、來源以確保資料的可靠性。

造成工作擱置的原因：

‧ 沒有認識到工作擱置的嚴重性；

‧ 沒有目標、優先順序、完成期限；

‧ 沒有自我獎勵；

‧ 沒有條理，辦公桌混亂；

‧ 缺乏完成工作的決心；

‧ 沒有把事情分派出去；

‧ 受到外界干擾；

‧ 沒有完全或者可靠的資料。

對因工作擱置造成的時間浪費，要找出原因，在實際工作中採

取上述措施「對症下藥」，這對於完成工作很有幫助。

心得欄

第 八 章

克服因自己而引起的時間浪費

1

防止計劃欠妥所造成的時間浪費

　　曾經有人詢問著名的巴頓將軍，他之所以能在戰場上如此成功，有什麼秘訣。他回答：「第一，計劃。第二，完整的計劃。第三完整而可行的計劃。」巴頓將軍把計劃放在最重要的位置，對計劃的重視可見一斑。對於企業管理來說，重視計劃的制定同樣也是極其重要的。

　　計劃是重要的，計劃不妥不但無法節省時間，還會浪費時間。

計劃不妥做事就可能走錯方向,分不清事務的輕重緩急,遇到事情手忙腳亂。長時間下去,不僅浪費時間,而且浪費人力、物力,給企業造成損失。要防止上述情況出現,就應該防止計劃欠妥。

1. 重視計劃的制定

首先要重視計劃,花時間制定計劃,在擬訂計劃初期雖然消耗時間,但後期執行時會成倍地節省時間!

2. 建立計劃系統

計劃是一個系統,包括年度計劃、季計劃、月計劃、日計劃等。在實施中制定計劃表,寫明每日的目標、優先順序、完成期限等。

3. 計劃應該靈活

由於「危機不可避免」的導向,許多人覺得計劃沒用。這是一種錯誤觀念,應該多給自己一點時間,做好應變計劃。

由於「計劃都會被緊急事故破壞」,造成了許多時間浪費。雖然緊急事故可能把一天的工作打斷,但如果每天的工作已經計劃妥當,而且重要的事情已經在緊急事故之前完成,損失可以減少到最低。

4. 加強自律

要有自律,強迫自己訂好完成期限,試著制定第一個月的目標、優先順序、每日計劃等等,同時列出進度監控的方法、成果評估的方法等。

5. 敢於承諾

目標恰當,計劃完善,就不要害怕許下諾言。在組織內公開承諾,可以激勵員工,共同努力。

6. 指出明確的結果

當重要結果被明確指出時，目標就比較容易設立，做計劃時也會有所側重。

7. 確定工作的優先順序

確定優先順序是所有管理工作中最能提高效率的方法。可以根據重要性和緊急性把事情分為 A、B、C、D 四類處理。

8. 把計劃變成文字

很多人認為自己的記憶力很好，心裏有計劃卻沒落實到文字上，但是，真正做起來卻往往丟三拉四，慌了陣腳，也沒了優先順序。讓我們記住那句話「好腦袋不如爛筆頭」，以此自勉。

造成計劃欠妥的原因有：

· 不明白計劃的重要性；

· 沒有建立系統；

· 沒有時間擬訂計劃；

· 認為危機不可避免；

· 缺乏自律；

· 害怕許下承諾；

· 沒有指出明確的結果；

· 無法制定工作的優先順序；

· 心裏有計劃，但沒落實到文字上。

計劃欠妥是浪費時間的一個內因，會給組織帶來重大的損失，一定要重視計劃的制定工作，不讓欠妥的計劃出台，這對於保證目標的實現至關重要。

2

避免貪求過多造成的時間浪費

···

很久以前，有一個人立了功。國王便對他說：「你立了大功，從現在開始，在太陽下山之前趕回來你所走過的土地，我都賜給你。」

於是為了多圈地，這個人不停地走，竟然在太陽下山的時候忘記趕回來。最後，他一路奔跑，又累又渴，倒地而亡，再也沒有回來。這就是貪求過多的後果。

貪求過多表現為：長時間的工作；工作時間增加；休閒時間減少；過多地承擔工作等。在許多組織中，職位越高者工作時間越長。職業經理人應該看到貪求過多會造成時間浪費，在工作中應儘量避免這種情況。

1. 認識貪求過多的後果

有的經理人認為自己做事可以更快更好，但是他們忽略了計算自己的單位時間價值，而且每個人的精力有限，所以經理人應該控制自己做事的數量，不要事必躬親，否則會影響效果。

2. 制定優先順序與計劃

做好年計劃、月計劃、週計劃、天計劃，同時設定各項工作的

優先順序，按部就班地做事，這樣就不會把許多工作積攢到一起，迫不得已進行多項工作。

3.工作時間估算要切合實際

必須明白，實際上每件事情所花的時間一般要比想像的長。如果追求辦事的速度，對時間估計不恰當，會使原本應該完成的工作不能按時完成，這樣後面的工作也只能延期，形成積壓。

4.遇到事情不要過度反應

遇到危機時，首先要分清事情的輕重緩急，然後採取措施，如果不分輕重緩急，急於求成，就會出更多、更大的問題，造成時間的浪費。

5.適當授權

不要工作欲太強，見到工作就想做，把該授權的授權出去。固然職位越高責任越大，但是經理人可以授權的員工範圍也更大。

6.引導部屬掌握時間管理技能

可以在組織內進行時間管理的培訓，讓每個人都掌握時間管理技能。組織的效率提高了，通過學習，下屬將越來越能幹，每個人將節約大量的時間，從而節約大量的成本。

造成貪求過多的原因：

· 不重視貪求過多的後果；

· 欠缺優先順序與計劃；

· 工作時間估算不切實際；

· 遇到急事反應過度；

· 對工作太過渴望，過份追求成就感；

· 渴望上級的賞識；

· 人手不足；

· 完美主義。

我們生活中也有「貪多嚼不爛」的說法。掌握上述要點，才能使您擺脫繁瑣的日常工作，站在戰略高度思考和解決問題，真正避免貪求過多帶來的危害。

心得欄 ----------------------------------

3

克服拖延的毛病

　　生活中經常會看到一些人神色匆忙，被事情弄得手忙腳亂，經常跟人抱怨說：「怎麼辦？時間不夠，完不成了，這事太急了！」我們真的有那麼多急事嗎？事實上，所有的「急事」都是拖延一手造成的後果。

　　仔細回想一下，你現在所做的急事是不是你幾天前或者一個星期前就應該做的事情？現在你知道了吧，從你小時候開始，你就有了這樣的習慣。在家裏時，等爸爸媽媽回來的前幾分鐘才慌慌張張地整理雜亂的房間；做作業時，總是拖到要交的前一個晚上才熬通宵來寫；考作文時，總是拖到考試結束前的五分鐘才胡亂地寫上一個作文結尾；到了上班的時候，總是拖到快遲到的時候才走出家門，然後在路上飛奔；做項目時，總是拖到最後一刻再做修改。這樣的事情很多很多，數不勝數。

　　其實這些事情都是你在之前有充足的時間去做的，只是被你一味地拖延，拖到最後時間快不允許了，才成為你不得不做的「急事」了。這樣做所造成的後果是什麼呢？那就是你浪費了寬裕的時間，卻弄得你經常手忙腳亂，老是覺得時間不夠。這些「急事」不但弄

得你分外疲憊，而且，在那麼緊迫的時間內，你所處理的事情的效果自然大打折扣。真是吃力不討好呀。

在拖延的行為中，有一種最為常見的就是「帕金森時間效應」。什麼是「帕金森時間效應」呢？很多人可能聽說過這個詞，但很少有人能清楚地知道它的意思。

「帕金森時間效應」闡述的是一種關於時間與計劃的神奇現象，舉個例子來說吧，如果你有一項 8 分鐘就可以完成的工作，而你分配了 8 小時去做它，那麼，確定無疑，你的確會耗盡你所分配的 8 小時的時間才能完成這項工作，即便它事實上只需要 8 分鐘的時間。帕金森對這種現象進行了總結歸納，所以這種現象被人們稱為「帕金森時間效應」。

「帕金森時間效應」的一般形式是只要你給定多少時間，工作就將使用多少時間。也就是說，如果你告訴我有一年的時間，那麼這個工作將花一年的時間完成；如果你告訴我有兩年的時間，那麼這個工作也將花兩年的時間才能完成。這種效應是真實的，我們的確會調整自己的速度以滿足最後的期限。如果我們認為有充足的時間，那麼我們就不會早早地去完成它，而是給自己增加多餘的無用的事情去填充多餘的時間。這也就造成了工作的拖延和時間的浪費。

我們必須小心這種效應，避免被這個陷阱吞噬掉我們寶貴的時間。當我們接到一項工作的時候，我們同時會接到這項工作的時間限制，有時會很緊急，有時卻會很輕鬆。我們不應該完全遵循這個被給定的時間限制，而需要針對這項工作，自己為它定一個合適的時間限制，並且按照自己定的時間限制去完成這項工作。特別是在

被給定的時間很寬鬆的時候，這樣做是非常有必要的。因為只有這樣，才能有效地避免我們因為陷入「帕金森時間效應」這個怪圈而浪費我們的時間。

克服了「帕金森症狀」，你就對拖延毛病的克服，邁出了重要的第一步。

在工作或學習中，你是不是常常會遇到這樣的事情：總是遲到，並且因此被你的老師、老闆、情人責罵或抱怨？

如果你是個愛遲到的人，那麼，告訴你一個絕佳的方法，讓你告別遲到的尷尬，那就是把你的手錶撥快 10 分鐘。

惠普前財務總監在接受記者採訪時曾回憶道：「當我還是學生的時候，上課經常遲到，幾乎每隔一天就要遲到一次，我的老師很頭疼，為此說過我很多次，可我還是改不了這個毛病，這幾乎已經成為我的習慣了。後來我工作了，做小職員，卻還是有這個毛病，三天兩頭地遲到。在公司不像在學校，你的老闆可沒有你的老師那樣的耐心。被老闆炒魷魚之後，我意識到了問題的嚴重性，並且非常的苦惱。這時我的一位老朋友幫我出了一個主意，那就是把我的手錶撥快 10 分鐘。我覺得還不錯，就聽了他的話，把表撥快了 10 分鐘。事實上，從那以後，我就再也沒有遲到過了。而且，我直到現在還保留著這個習慣。」說完，他得意洋洋地把手錶給記者看，果然快了 10 分鐘。

「其實，」他最後又總結道，「這個方法只是一個手段，關鍵是要在意識上培養自己的緊迫感，養成守時的習慣。不然，即使你把手錶撥快 10 分鐘，你還是會想我的手錶快了，還有

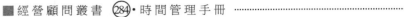

10 分鐘呢，這樣你還是會遲到的。」

我們應該人人都能意識到遲到是一種很不好的習慣，如果你是個愛遲到的人，就一定要儘快改掉你的這個毛病。如果你的這個習慣已經根深蒂固了，那麼你就要採取一定的方法了。把你的手錶撥快 10 分鐘就是一個很有效的方法，它讓你每次都能留出 10 分鐘的餘地，避免你常常的「一分之差」。

短短的 10 分鐘，給你的卻是一個提前開始的機會，讓你在別人還沒有準備的時候就已經出發了，不知不覺中你就會成為工作面前最積極的那個人，從而為你贏得更多成功的機會。

克服了遲到的毛病，你就對拖延毛病的克服，邁出了重要的第二步。

我們常常看到這樣的事情，一個龐大的工程，所有的設備以及人員都準備好了，卻遲遲沒有開工，讓全部的人都等在那裏，原因就是上層決策者們討論來討論去，遲遲都沒有做出決定。這無疑是對時間的嚴重浪費。

所有人都能明白這樣一個道理，事情只有被決定下來，才可以開始執行，才能產生效果。如果沒有決定下來，那麼它只能是一個計劃、一個設想、一份文件而已。所以我們做事要當斷則斷，遇到事情要馬上做出決定，應該做的就馬上去做，不應該做的就馬上放棄，把時間留給別的事情。那種猶猶豫豫、拖泥帶水的個性只能讓我們浪費時間和錯過時機。快速地決定往往比快速地執行更有效果。

那麼，我們怎樣才能夠做到當斷則斷、快速地做出決定呢？首先我們要明確什麼是應該做的，什麼是不應該做的。簡單地來說，

應該做的事就是符合我們的理想目標而且在我們的能力範圍內的事。這就要求我們先明確我們的理想和目標，確定什麼是對我們有意義的，什麼是值得做的。然後就是要瞭解我們自身的能力，我們能不能做成這件事，做成這件事要花多少時間，花這麼多時間去做它值不值得。如果這些你都心中有數了，那麼，最後一點也是最重要的一點就是，要對自己有信心，要相信自己做出的決定，不要一有人提出異議就動搖自己的決定。

你決定好了嗎？如果還沒有的話就快點做出決定吧，不要浪費你的時間和大家的時間了。做一個敢作敢當、當斷則斷的人，把你的時間用在刀刃上面，而不要花在搖擺不定當中。

學會快速果斷地做事，你就對拖延毛病的克服，邁出了關鍵的第三步。

假如有一個人問你：「要是你的生命今天就要結束了，你最後悔的是什麼？」你會怎麼回答呢？美國著名的時間管理學家尤金·格裏斯曼曾對此做過研究。他向數百人提出了這樣的問題，結果絕大多數的人的回答是：「後悔沒有多讀點書。」其次是「沒有好好約束自己」、「沒有多嘗試點新鮮事物」、「沒有花更多的時間與家人共處」。這些結果都表明了一點——受訪者都後悔沒有在有限的時間裏做應該做的事情，而不是後悔已經做過的事情。

你是不是也有相同的答案？你的問題不是沒有時間，而是在時間的使用上面出了問題。你沒有把足夠的時間用在做事上，而往往是把它們用在了空想上。我們只有果斷地去做我們想做的事情，才能成功。

　　沃克教授在課上講授成功學時對那些眼神清澈的年輕學子們說：「如果你現在 25 歲，希望自己在 60 歲時擁有 100 萬美金，你只要每個月存 90 美金，再加上利息，60 歲的時候你就可以實現這個願望了。你也可以期望在未來的某一天你獲得 100 萬美金，但如果你不採取任何行動，不去做的話，你就只能寄希望於買彩票中大獎了。」

　　所有的願望都是靠實際行動來實現的，一味地沉迷在幻想中的話，你是得不到任何結果的，還不如放開手腳去嘗試做一下，不管能不能成功，至少你沒有浪費時間。

　　我們往往羨慕那些在金字塔頂端的人物，幻想著自己那一天也能成名，成為第二個比爾·蓋茨。但是你要知道，比爾·蓋茨今日的成就可不是靠幻想得來的，正當你在幻想的時候，他已經有把他的事業推向另一個高峰了，而你卻在這裏浪費時間。

　　一次行動勝過千百遍的胡思亂想，人們常常把自己辛苦得來的新想法取消或者埋葬，因為他們沒有執行的勇氣。過了一段時間後，這些想法又會不斷地回來折磨他們。誰都渴望成功、幸福，但是如果你不付諸行動，便會在失敗和不幸的日子裏慢慢被蹂躪。機會不會一直等著你，如果你不馬上行動，他就會棄你而去。只有行動才能不斷增強信心，不行動只會坐以待斃，徒增恐懼和憂慮。

　　當你能夠停止空想，立即行動的話，你就對拖延毛病的克服，邁出了關鍵的第四步。

　　在許多場合，我們都不喜歡為自己所做的事情負責，當我們一旦做錯了什麼事，常常會喜歡使用各種各樣的藉口，而且一般我們

使用藉口都是為了避免去承擔責任。

我們會說，「我很累了，應該休息一下，這件事就別做了吧。」

「這件事總會有別人來做的，為什麼非要我去做呢。」

「現在下雨了，我改天再去吧。」

「現在有人約我出去，改天再做吧。」

「這件事我肯定做不好的，做了也白做。」

這些藉口花樣百出，什麼樣的都有，它們看似都是很正當的理由，實際上都是我們為自己找的冠冕堂皇的藉口。當我們受惰性的控制，不想去做某些事情的時候，我們會很自然地下意識為我們自己找藉口，找到藉口之後，我們就找到了心理安慰，可以心安理得地把這件事丟在一邊了。但實際上，這些事情我們最終還是要去做的，找藉口的結果無非是把這些事情拖後了，最後等它們積成一堆之後，又讓我們無從下手了。這樣不但影響了你做事的進度，還浪費了時間。所以，我們應該建立這樣一種意識，不要總是為不做某件事而尋找藉口。

你需要認識到藉口是沒有任何意義的，即使有藉口，它也不能成為你不去做某事的理由。所以，你不要以藉口來縱容自己，一味地縱容最終只會讓你自己吃苦頭。當你不想做某件事的時候，不要第一反應就去找藉口，而是可以適當地強迫自己去做，當你做完之後，你會發現事情並沒有你想像得那麼困難，而且還會有意想不到的收穫。

停止去尋找藉口吧，把時間花在做事上。讓我們重新審視自己，找準自己的位置，帶著滿腔的熱情投入到工作和學習中，拋掉藉口，

不斷向成功靠近。

　　當你能夠放棄藉口，敢於承擔自己的責任時，你就對拖延毛病的克服，邁出了成功的第五步。當你成功地邁出這五步時，你就已經把拖延的習慣遠遠地拋棄了。

心得欄 _____

_____

_____

_____

_____

_____

4

不可事必躬親

上個月，Ａ君由於工作業績突出被提升為主管。Ａ君認為憑自己的工作能力和經驗，她完全可以勝任主管工作，而其員工也有足夠的工作經驗。

Ａ君卻不能肯定她是否能繼續勝任主管工作，她的每一個工作日看起來都沒有止境。每天的工作中，她有數不完的工作安排、業績報告，此外，還有電話不斷和無法預料的訪客。到了晚上，她原本可以放鬆一下，現在卻不得不忙於閱讀郵件、回覆信件、制定預算……，件件工作事必躬親。

重壓之下，Ａ君再也承受不了壓力了，於是向上級遞交了辭去主管職位的申請書。

我們知道，事必躬親者常常是抓了芝麻，丟掉西瓜。「做大事者不拘小節」，面對每天大大小小、紛繁複雜的事情，不要大事小事一起抓，應該分清主次，把時間用在最能產生生產力的地方，把一些不該做或不應該由自己做的事情交給下屬，自己只負責監督。

1. 放手讓下屬做

不用擔心下屬做不好我們交辦的事情，充分信任下屬，把工作授權出去。您只要進行適當的監督和控制，在關鍵之處給下屬以指導即可，因為每個人不是生來就會做的。

2. 培訓下屬

在平時，應該尋找機會培訓下屬，如果下屬出錯，就要幫助他們，使他們重新振作起來。這樣，您會發現身邊可用的人才越來越多，再不用擔心找不著合適的人授權。

3. 培訓下屬

放棄「只有自己才能把工作做好」的想法，把工作交給下屬。從一般工作開始鍛鍊、培養他們，逐步授予難度較大的工作，使他們將來能夠獨當一面。

4. 管人比管事更重要

要糾正「管事比管人舒服」的觀點，作為經理人，領導全局，真正的任務是管好人，帶領著別人做事和督導別人做事。所以，管好人比管好事更重要。

5. 監控而不是管理

授權以後應該監控、跟蹤並與下屬達成共識。例如，讓下屬做一份計劃詳盡的時間表、進度報告，並監控完成期限。

6. 不要害怕下屬超越自己

千萬不要擔心下屬超越自己。下屬超越自己正是經理人領導能力的體現。「強將手下無弱兵」，透過下屬，可以判斷您的領導能力。您的能力正在下屬身上延續，正像教練總是希望自己的運動員的成

績能夠超過自己一樣。

事必躬親的原因：

· 缺乏安全感，害怕失敗；

· 沒有很好地培訓下屬，對部下缺乏信心；

· 覺得只有自己才能把工作做的更好；

· 覺得做事比管人舒服；

· 管的過多；

· 人手不足。

要克服事必躬親，應該掌握授權的基本方法和技巧，通過授權來培養下屬，給下屬成長的機會，自己只負責監督就行了。漸漸地，您就會發現自己直接做的事情越來越少，效率卻越來越高。

心得欄 _____

_____

_____

_____

_____

_____

5

做事決不要拖延

在某懸崖上生活著一種與眾不同的鳥——「寒號鳥」。在草木茂盛的春天，草碧樹綠的夏天，稻香滿天的秋天，寒號鳥都整日東遊西逛，還一個勁地向其他鳥展示它絢麗多彩的羽毛。

隨著冬天的到來，其他鳥都各自忙開了，有的南飛，有的留下來積聚食物、銜草築巢。唯獨寒號鳥渾然不把如何過冬當作一回事。

轉眼間，冬天來臨，天氣一天比一天冷，其他鳥換上了厚厚的「服裝」，呆在溫暖的巢窩。這時，寒號鳥身上漂亮的羽毛落光了。夜間，它躲在石頭縫裏，凍得渾身哆嗦，他不停地叫著：「寒風凍死我了！凍死我了！……明天就壘窩……」等到天亮後，太陽出來了，寒號鳥又忘了夜晚的寒冷，它又唱道：「得過且過！太陽下面好暖和！」

寒號鳥就這樣一天天地混著，過一天算一天，一直沒有壘窩。最後，沒有混過寒冷的冬天，終於凍死在石縫裏。

拖延不是具體的事物，所以不容易覺察。卡耐基說過：「拖延會變成一個嚴重的問題，因為你會忽略或延誤處理對你而言非常重要

的事情。」拖延是無聲的時間殺手，拖延是最嚴重的浪費時間的行為，其帶來的不良後果也是顯而易見的。在日常工作中一定要克服拖延的毛病，主要措施有：

1. 確定最後期限

認清事情的重要性，判斷是否可以拖延，可以拖延到什麼程度。為重要工作設定最後完成期限。在組織內養成習慣，一旦到了最後期限，一定要完成規定工作。

在確定工作時間的時候，給所有員工安排 20%～50%的彈性時間，留下一定的時間什麼也不安排，以彌補以前沒有完成的工作。

2. 儘早處理這些事件

養成儘早處理的習慣，不要拖拉。經理自己通常在組織內起決定作用，如果經理要求嚴格並率先認真執行，下屬通常能夠按時完成；如果經理自身比較鬆散，通常下屬也是拖拖拉拉，傾向於向後拖延。

擺脫「人遇到壓力才會有最好的結果」的想法，並不是人遇到壓力都會有好的結果，許多意外會打亂您的計劃。如果您認為在壓力狀態下會出成績，那就在日常工作中給自己施加壓力，而不是通過拖延的方式。

3. 將工作分為小單元

不要先做簡單的，後做困難的，要按照事先確定的優先順序去做。對於難度較大的工作，可以分解為若干個單元，隨著工作的分解，工作的難度也會隨之降低。研究表明，傑出的時間管理者能夠建立其自身的緊迫感，通過計劃的目標時間來克服拖延的弊病。

4.要盡力而為

對於每項工作,要全力以赴地完成,即使無法完成也要盡力而為。要知道,有時失敗距離勝利只有一小步。盡力而為了,您會發現,許多原本以為完不成的工作原來是可以完成的。

5.設立獎懲機制

如何保證工作的按時完成方法之一就是設立獎懲機制。對於完成的好的員工,給予相應獎勵,可以是物質上的,也可以是精神上的;對於完成不好的員工,給予相應懲罰,以此來維護企業制度的嚴肅性。

造成做事拖延的原因:

· 沒認識到拖延的嚴重性;

· 做事拖延形成習慣,同時是一種態度;

· 認為遇到壓力才有最好的表現;

· 習慣先做瑣碎的,後做困難的;

· 工作時間的估算不切實際;

· 貪求過多,沒有定期監控進度;

· 擱置工作,沒有完成期限。

告別拖延,馬上行動起來吧。讓我們用這句話來自勉:「明日複明日,明日何其多。我生待明日,萬事成蹉跎。」

6
要學會說「不」

急需用錢的父親與兒子一塊到集市去賣驢，由於到集市的路途遙遠，父子倆決定騎著驢趕路。

路人 A：「你們倆怎麼能這樣對待一匹老驢呢？實在是太殘忍了！」父子倆決定輪流騎，父親先騎。

路人 B：「您看這老頭那像做父親的，自己騎驢，讓兒子走路。一點兒愛心都沒有！」父親將驢讓給了兒子騎。

路人 C：「你那像當兒子的，年輕輕地騎著驢，卻讓老爹在後面走路，一點兒不孝順，真丟人！」兒子將驢子讓給了父親騎。

經過一番上上下下的折騰，父親和兒子都已經累的不行了。於是父親說：「兒子，這樣走法簡直是活受罪。咱們乾脆抬著這該死的驢子好了。」於是父親、兒子用樹枝和繩索做成一副擔架，將驢綁在擔架上，抬著它向集市走去。

由於沒有說「不」，父子兩人才落得如此尷尬。

對於經理人來說，您的精力不僅是有限的，更是珍貴的。如果其他人提出什麼要求您都去做，那將浪費您大量的時間。畢竟，我

們是為自己而活的，所以，應該在適當的時候說「不」。如何做到拒絕別人呢？

1. 不要企圖獲得所有人的讚揚

不同的人有不同的立場，您只要獲得大多數人的認同，而不必追求所有人的讚揚。所以，不用太在意別人的看法。當別人提出要求時，首先進行判斷，認清可能的後果。如果不敢說「不」，勉強接受，事後往往帶來時間的浪費。

2. 不要擔心冒犯別人

如果害怕冒犯別人，就應該學習一些在不冒犯他人的情況下拒絕別人的技巧。您可以提出適當的理由，只要說的合情合理，對方通常不會感到沒「面子」。例如說：「很抱歉，我現在很忙，沒時間做其他事情，一旦做完手頭的事情，我馬上與你聯繫」。

3. 正確認識義務

當別人提出要求時，問一下自己，這件事我該做嗎？做了會不會浪費時間？如果應該拒絕的話，要委婉拒絕，並提供理由，提出解決方法。

4. 掌握拒絕的技巧

改變話題。改變話題通常不用回答對方剛才的問題。

表現出冷淡的態度。例如應付登門推銷人員，表現出漠不關心。

說明拒絕的理由。說明您為什麼拒絕，例如有更重要的事要做。

不用了，謝謝。學會禮貌的婉言謝絕。

堅定的拒絕。當對方泡蘑菇時，語氣一定要堅定，這樣對方就會明白，再繼續堅持也沒用。

造成無法拒絕別人的原因：

· 渴望受到別人的讚揚；

· 害怕冒犯別人；

· 錯當作自己的義務；

· 不知道如何拒絕，不知道如何表達，找不到藉口；

· 缺乏工作目標與優先順序；

· 別人毫不考慮地假定您會答應；

· 無法拒絕上級。

　　掌握並熟練運用上述技巧，面對對方的要求您就能綜合考慮，從容應對，既能保證自己的正常工作時間不被佔用，又能不破壞彼此的關係，使您的時間管理技能再上一層樓。

心得欄 ----------------------------------

7

要避免本身缺乏自律

··

　　有一天清晨，財務部王主管在上班的路上盤算，一到辦公室就開始草擬下一個年度的部門預算。

　　他 8 點準時走進辦公室。但他沒有立即動手工作，因為他突然決定整理一下辦公室，為此花了 30 分鐘。王主管面露得意之色，隨手點了一隻煙，稍稍休息了一下。這時，他無意中發現報紙上的一條吸引人的標題，於是情不自禁地拿起閱讀。等他把報紙放回原處，已經 9 點鐘了。這時他略微有些不自在，因為還沒開始工作。不過他想，報紙早晚是要看的，於是又心安理得了。正當他正襟危坐準備埋頭工作時，電話響了。那是一位很久沒見的熟人，於是又聊了 20 分鐘。打完電話，他去方便一下，正好碰上幾個同事，對前兩天足球隊又輸了，大發牢騷，他也加入進去發表看法。

　　等他回到座位，已經是 10 點 45 分了，離 11 點的部門會議還有 15 分鐘。他想這麼點時間幹這麼重要的工作顯然不夠，還是下午再說吧。由於缺乏自律，他的一上午就這樣過去了。

　　缺乏自律表現為對自己要求不嚴，鬆鬆垮垮，不遵守時間，致

使規章和制度形同虛設，使一切目標化為泡影。所以，職業經理人一定要在組織內加強自律教育。

1. 制定目標或標準

設立個人與組織的重要工作目標，為例行的工作建立標準。這樣在工作中就有了自律的基礎。

2. 要安排完成期限

對於沒有計劃以及優先順序的行為，要設定最後完成期限及各階段進度表，然後要安排優先順序，將整個身心集中於最有效率的部份。可以設定追蹤表，追蹤完成進度，強迫自己按計劃行事。

3. 運用隨手可得的工具與技巧

適當運用日計劃，並逐日檢查當日完成的事情，運用計劃以及組織的方案表、進度報告、計劃控制表等工具都可以起到很好的約束作用。

4. 強制完成工作

不斷檢查工作的完成情況，保證工作及時完成。對員工要嚴格要求，設立獎罰制度，並將完成計劃情況作為考核項目。

5. 做事乾脆

經理人要養成雷厲風行的工作作風，同時要不斷地訓練、教導，或強制您的部屬養成不拖延的習慣，而且要適當適度安排工作，讓員工自覺檢查自己的工作進度。

造成自律欠缺的原因：

· 缺乏目標及工作標準；

· 沒有安排完成期限，沒有追蹤制度；

· 沒有利用隨手可得的工具及技巧；

· 沒有工作興趣，擱置工作；

· 有拖延等不良習慣。

自律欠缺影響著組織的工作作風，與有條理、有節奏的工作作風是格格不入的。加強自律有利於形成高效的工作作風。

心得欄 _____

_____

_____

_____

_____

_____

8

要防止條理不清

··

在工作中出現條理不清，分不清輕重緩急，常常打亂您的正常
工作，造成時間浪費，所以，職業經理人應該防止條理不清。造成
條理不清的原因通常是多方面的，既有自己的原因，也有管理上的
原因。下面逐條列出對策：

1. 認識條理的重要性

堆積如山的文件會影響工作效率，也會造成文件遺失，造成時
間浪費。可以根據工作日誌，計算一下每天用於尋找文件的時間。
只有保持條理性，才能形成條理的工作作風。

2. 要有計劃

制定好工作計劃並且嚴格執行，可以避免某些造成條理不清的
原因。

3. 學會授權

作為管理者，永遠不要忘記授權，能授權的儘快授權，您的工
作是做最有價值的工作。

4. 要有系統

可以專門設定一個特定的地方來存放所有的資訊和想法。利用

整合系統來記錄希望記住的事情，方便文件歸檔。

5.不要自我膨脹

有些人總是希望讓人感到他重要、忙碌，因此往往承擔過量的工作，大量的文件彙集而來。其實過量的文件會使人條理不清，做事拖延，沒有安全感，打亂您的優先順序。所以，不要承擔過量的工作。

6.不要擔心失去控制

可以通過計劃的進度來監督、控制。不要在工作現場看見什麼問題就去解決什麼問題，這樣做並不代表你不可或缺。您的價值在於計劃、管理。

7.善用筆頭

如果您擔心忘記某些東西，就用筆把它記在備忘錄上。

8.防止外來干擾

提高效率就應該減少干擾，尤其是無意義的干擾，保證自己的工作時間。

9.乾脆俐落

先處理棘手的、最優先的工作，而且要定一個最後期限。

10.學會過濾

讓下屬幫著過濾文件、郵件、電話、訪客等，別人拜託您的事情可以轉交其他人幫忙。

造成條理不清的原因：

‧沒認識條理的重要性；

‧沒有系統；

· 自我膨脹；

· 害怕失去控制；

· 害怕忘東西；

· 允許外來干擾；

· 拖拖拉拉，優柔寡斷；

· 沒有目標、沒有優先順序、沒有日計劃；

· 沒有授權；

· 沒有過濾。

條理不清帶來的時間浪費是顯而易見的，保持條理是提高效率的一條捷徑。從現在開始：保持條理，形成高效的工作作風。

心得欄 ----------------------------------

9

學會借用別人的力量

一個人的能力是有限的，一個好的管理者，或是一個聰明的人，他們都懂得如何去借助別人的力量來為自己辦事。能夠有效借助於人，也是打通自己時間，打通自己人脈的一個重要手段。如果你能夠有效借用別人的力量，並為己所用，那你做事情，就能夠真正的事半功倍了。

1. 先確認有那些事是你必須親自做的

不管什麼時候，我們都要明確那些事是必須親自做的，那些是應該交給別人去做的。要把時間花在重點上，而不要把它們浪費在不必要的事情上面。

一位企業家在談到這一點的時候提到：我家買傢俱的時候，賣櫥櫃的那家店的銷售員打電話過來，要討論訂單細節和安裝細節。我跟他說：「等等，我讓我的太太來聽電話。」因為買櫥櫃是我太太的事情，她才知道細節，也會對這件事的進度有興趣。可是那位推銷員竟然執意要跟我談細節，但我一點也不關心這件事。最後，我太太走進來接電話，我很禮貌卻語氣堅定地打斷他的話說：「我太太來了，你跟她說。」我把電話拿

給我太太，然後走出房間。後來我太太跟我抱怨說：「你一點也不關心這件事。」她說得對，我是不關心這件事。我的時間有限，有又那麼多的工作要做，我必須把事情的優先順序排好，我們都應該這麼做的，而買櫥櫃這件事對我來說，並不在我的應辦事項清單上。

雖然買櫥櫃是一件小事情，夫妻之間可以不分你我，但是想要提高你的時間利用率的話，就要時刻都明確那些事是你要做的，那些事是不需要你去做的，不必要的事情就堅決不要去做，不然你的時間會在不知不覺中被這些無謂的事情消耗光。

當你確認了那些你必須親自做的事情之後，你所要做的就是堅持，時刻堅持把你的時間優先分配到這些重要的事情上，而不要一味地去應付那些緊急而不重要的事情。

2. 有些事情讓別人去做更為合適

在亞里斯多德的那個時代，亞里斯多德是一個真正的博學家，因為當時人們掌握的知識還非常有限。但當人類社會發展到現在，已經不存在博學家了，只能有專才，包括所謂的博士，其實也只是在一個很小的領域裏進行深入研究的人。所以，我們不可能掌握到所有的知識和技能。就算是亞里斯多德這樣一個博學家，也不可能自己去做所有的事，他做飯肯定沒有廚師好，洗衣肯定沒有女僕好，縫衣肯定沒有裁縫好，他只要做好他拿手的研究就行了，而其他的事，有人會比他做得更好。沒有人是萬能的。

所以說，有些事情讓別人去幹會更為合適。如果你不擅長做這件事的話，不妨把它交給別人來做，把它交給那些擅長做的人去做。

也許你做這件事要花十分鐘的時間，而別人一分鐘就能解決了。這不是個人能力問題，而是我們各有專長，並且所擁有的便利條件也不同。

舉個例子來說，如果你要自己做個蛋糕，那麼，你要先去買麵粉、鷄蛋、奶油，準備好模具和烤箱，這會花掉你很多時間，而且，如果你從來沒有做過蛋糕的話，你還要花時間去琢磨該怎麼做，就算最後做出來，也不一定好吃。若是交給一個麵點師來做的話，他不需要特地去準備這些材料，因為這些東西他隨時都備有。而且，他的技術肯定比你純熟，會做得比你美味比你快。既然這樣，為什麼不把做蛋糕這件事交給別人去做呢？你可以把省下來的時間用來做別的你擅長的事情，這樣效率不是高多了嗎？

3.學會外包：借助外部資源幫你成事

一般地，當企業做到一定規模之後，就常會採用一種模式，那就是外包。

如果你去網路搜尋，你會搜到這樣的結果：外包是指企業整合利用其外部最優秀的專業化資源，從而達到降低成本、提高效率、充分發揮自身核心競爭力和增強企業對環境的應變能力的一種管理模式。最為流行的外包服務形式主要包括：IT 資源外包服務、客戶服務中心外包、行銷外包、人力資源管理外包、應收賬款外包等。外包是一個集合概念名詞，它實際上包括許多不同的內容和途徑。例如，它涉及從外部採購用來執行組織內部活動的服務，在這種情況下，組織就與服務提供商建立了一種合約關係，從而減少和清除了原公司對相應活動的直接管理和控制。

　　簡單一點來說，外包就是把一整塊的工作交給專業的公司或組織去做。例如說，請專門的職業培訓機構為公司員工進行培訓，請專業的廣告公司給你做宣傳，請專業的 IT 服務商為你維護網站。因為這些事情如果讓你自己去做的話，需要額外地去聘進專業人才以及相關設備，還要花時間去建立組織結構，這樣就浪費了很多時間和精力。如果把這些相對獨立的工作外包給相應的專業性機構去做的話，會更省時省力，且效果更好。因為這樣有效地利用了外部專業資源，使外部資源幫你成事。

　　所以，學會外包，學會利用外部資源，可以大幅度地提高你的工作效率，並且做到資源的合理整合，避免了時間和人員的浪費。當然，並不是說所有的事情都要外包給別人，而是要選擇那些對專業技術有高要求的，以你現有的資源設備無法很好地完成的，或者說需要付出高成本來完成的事情。如果所有的事都外包，那你還要做些什麼呢？不就沒你的事了嗎？所以，學會外包，我們要學會合理地選擇。

　　在企業管理工作中，許多領導者一旦忙碌起來，就恨不得立即長出三頭六臂，馬上把工作做完。其實，只要懂得借助他人的力量就可以左右逢源，分身有術。借力是時間管理中的一項重要內容，是一門精妙的管理藝術。作為最常用、最重要的管理技能之一，它受到了許多領導者的重視。善於借助別人的力量，你就獲得了雙倍的時間。時間就是效率，時間就是金錢。但是如果你學會借助別人力量這種工作方法的話，你就會發現時間勝於效率，時間勝於金錢。如果你正被千頭萬緒的工作所打擾，如果你正為缺少時間去賺錢而

發愁，那麼請嘗試借助別人的力量來完成工作吧，它一定會給你帶來意想不到的效果，節省大量的時間。

4.懂得授權的藝術

一個優秀的管理者通常能夠將好鋼用到刀刃上，懂得厚積而薄發才是上策。管理能力的優劣，從某種意義上來講，就是一個管理者是否懂得授權。

如果你不願一輩子都在最基層工作的話，你就要學會指派和授權。

「當我剛剛坐上經理的位置時，我根本就還沒有進入角色，很多事情都還是自己做，不會把工作分配給下屬，結果弄得自己相當疲憊。後來慢慢地就明白了，作為管理者，他的任務和一般員工是不一樣的，他的首要任務和終極任務就是管理。他要把任務分配給各個人，並做一個統籌的工作，掌握工作的總進度，並在適時的時候做出決策。這才是一個管理者的價值所在，其他人只要跟著他的手指轉就好了。」一位商場老將這樣說。

當然，我們在指派工作的時候要合理，要顧及各個人的能力，以及執行不同任務所需要的時間。不然如果造成時間差，就會造成時間的更大浪費。

只有學會授權，把工作分配下去，這樣才能讓大家更有積極性，自己也不必那麼累。

一個人，當他學會科學有效地合理授權的時候，他就真的成功了。

第 九 章

適度休息可增加工作效率

1

影響工作效率的是你自己

人們在總結自己的工作時，最後常常會發現自己是造成了工作效率低下的重要原因。

因此，如果人們想認真改進對自己時間的管理，首先必須要採取一系列措施來改進自我。認識到這一點，就能夠產生一些改善處境的具體步驟。

兩年前西太平洋航空在公司第一次時間管理研討會上，拉斯

蒂•哈裏斯公開坦白自己是導致時間浪費的一個重要因素。自此以來 24 個月的實踐確實證明了時間管理在提高管理效能方面的好處。拉斯蒂•哈裏斯看到了日新月異的變化。在提高管理效能方面最卓有成效的變化是：

· 拉斯蒂•哈裏斯同秘書的關係更融洽、更有成效了。

· 拉斯蒂•哈裏斯制定了閉門謝客制度。

· 對公司制定的開門辦公政策，進行了修訂和完善。

· 公司的會議明顯減少了，而會議的效率提高了。

拉斯蒂•哈裏斯認為在上述 4 個變化中最重要的是他同秘書關係的改善。秘書負責安排拉斯蒂•哈裏斯每天的工作，所以，在休息時間她也要為拉斯蒂•哈裏斯的需要去閱讀、寫作，最重要的是去思考。

拉斯蒂•哈裏斯曾向自己的一些好朋友——其他忙忙碌碌的總經理介紹了一個改進工作日的方法，這就是僱佣一個有能力、聰明而又富有同情心的秘書，讓她成為自己工作的組成部份，成為自己的左膀右臂。秘書需要具有很高的素質，她不僅必須知道工作的具體內容、上司的職能和責任，而且必須瞭解上司的愛好、厭惡、成見、癖好和考慮問題的方法。這樣的秘書才能對企業管理者的個人工作時間安排最有效地發揮作用。

拉斯蒂•哈裏斯總結出了第二條節約時間的經驗就是安排一段閉門謝客的時間。如果你的秘書工作效率很低，這樣做本身也不會有什麼作用。在你閉門謝客的時候，電話仍然在響，一些客人仍然在亟待見你。但是，如果你的秘書能夠在這段時間熱心為你守衛，

就不會有什麼人能打擾你。每天堅持一小時閉門謝客，能夠使你擺脫和推辭一些不必要的應酬，就能夠消除或大幅度減少晚上帶著鼓囊囊的公事包回家的現象。

　　當然，有一個得力的秘書，同樣是開門辦公政策時能有效地發揮作用的基礎。秘書負責掌握拉斯蒂‧哈裏斯的工作安排與進度，如：篩選和安排求見者，指定約會時間，超時談話的中斷和結束。於是，拉斯蒂‧哈裏斯擺脫了那些雞毛蒜皮的打擾和分心之事的影響，有了更多的時間去工作。

　　拉斯蒂‧哈裏斯要求公司大幅度削減了會議的數量，並且大大地縮短了會議時間。利用會議記錄能夠使缺席者同出席者一樣瞭解情況。指定任務時要明確預定完成和檢查結果的時間。由於採用預先通報的議事日程，會議成效得到了有效提高。研討會以後，公司12個高級經理每天一個半小時的例會改為每週一次，會議也縮短為1個小時。對這些負責人的下屬來說節省下來的時間是一筆巨大的財富。以前他們曾感到上司把大部份時間都花在開會上，有事很難見到他們，為此他們常常抱怨不休。因此，自從會議的次數減少，會議效率得到提高後，這種情形也隨之發生了變化。過去，從來沒有書面會議記錄，現在，會議記錄由全體高級管理人員傳閱，他們感到比過去消息靈通多了。因此，拉斯蒂‧哈裏斯一直認為會議方面出現的變化是一個最有影響的節省時間的因素。

　　正是由於拉斯蒂‧哈裏斯從自己做起，科學有效地合理分配安排自己的工作時間，使自己的每一分鐘發揮出最大的作用，避免了無謂的時間浪費和外界對工作的干擾，使自己能夠高效地工作，推

動企業快速發展。

2
正確對待睡覺與熬夜

·······························

1. 不要失眠要睡眠

一個良好的睡眠，是一個人生命中所必需的，是一個人健康長壽不可缺少的條件，也是保持充沛的精力去從事工作、學習的重要保證。研究表明，一般人每天都需要保持七八個小時的睡眠。但是，現在越來越多的人的睡眠品質都很不好，表現為失眠、入睡難、早醒、半夜醒來難以再次入睡、多夢等。這不僅使人感到苦惱，也在一定程度上影響了身體的健康。睡眠不足不僅會影響工作，而且會對情緒造成影響，使人變得沮喪、消極，人際關係發生問題。由此可見，充分及科學的睡眠越來越成為當今社會的一個問題。

為了改善睡眠品質，可以注意以下幾點：

· 臥室要保持安靜，空氣要清潔，室溫要適宜。

· 白天睡眠時，保證臥室內無光、安靜。

· 床鋪要舒適，被褥要清潔，厚薄要適當。

· 建立起有規律的生活習慣，按時上床休息。

· 入睡前不要吃得過飽。

- 不要吃過多的辛辣、刺激性的食物。
- 晚上不要喝茶、咖啡等興奮劑。
- 睡前用熱水洗腳。
- 睡前不要思考問題，不要去想一些難辦的事情，不要閱讀或觀看過於精彩、令人興奮的小說、電影、電視。
- 把工作丟在一邊，給睡覺一個「優先權」。

失眠能夠帶給人很大的煩惱，沒有失眠的人，不瞭解失眠的痛苦，在漫漫長夜裏，失眠的人多麼企求一個香醇、高枕無憂、心情寧靜的夜晚。當一個人生活節律突然改變時，會因機體來不及適應而影響到睡眠。所以，個體應通過各方面的生活調節來養成良好的睡眠習慣，學會控制睡眠。有規律的生活節奏有助於快速入睡。

現代社會，科技發展越來越迅速，我們每一個人都正在承受著前所未有的壓力，在壓力面前，我們更要學會控制自己的睡眠，不斷調節睡眠，我們不要失眠，我們要充足而科學的睡眠。

2.掌握「快速入睡」的方法

哈佛大學的研究報告說：「睡眠不足會嚴重影響與記憶形成有關的神經和行為能力。因此，在學習之前睡覺可能對大腦在第二天形成記憶很有幫助。」在人們的睡眠日益減少的當今社會，這樣的發現增加了人們的擔憂。

現代人面臨巨大的壓力，在「失眠」這種常見病面前，多數人都束手無策，他們不得不求助於藥物，可是，藥物只能起到一時的緩解作用，但想最終根治，還是需要在生活習慣上下功夫。

現在各種媒體中流傳的治療失眠的方法有很多，有什麼飲食調

節法、自我放鬆訓練法、音樂療法等。不過，要數最簡單易行最有效的方法，還數以下幾種，如果你也經常遭受失眠的困擾，那麼建議你可以試一試：

- 臨睡前用熱水洗腳或用手由裏向外搓腳心 90～100 下以加速血液循環和疏通經絡，可使你早入睡。
- 睡覺前，用手撫弄耳垂，耳垂受到按摩時，心跳減慢，達到鬆弛效果，幫助你入睡。
- 睡前，盤雙腿坐在床上，同時保持均勻呼吸，不一會睡意即至。
- 睡前將一湯勺醋倒入冷開水中攪勻喝下，可快速入睡，且第二天精力充沛，喝一杯牛奶亦好。

睡眠是每個人都必需的，對大多數人來說，一生有超過三分之一的時間是用來睡覺的。睡眠不僅可以驅走疲勞，而且睡眠的過程中人體所需的很多物質也可以得到補充。只有適當的睡眠我們才能有足夠的精力投入到學習、工作和生活中。要想保持身心的健康就一定要做到勞逸結合。

大量的醫學研究和臨床表現證明：如果睡眠時間不足或者品質不高，就會引起煩躁不安，情緒不穩，注意力不集中，嚴重的甚至會造成精神錯亂。由此可見，我們每天 1/3 時間睡眠的好壞，將直接影響到另外 2/3 時間內的工作和學習，因此，在我們一生中，1/3 時間在睡眠，2/3 的時間依靠睡眠。

睡眠疾病是身心健康的一大「殺手」，在科技高速發展的今天，「睡眠」更加突顯它的積極作用，以上介紹的四種促進睡眠的方法

可以給你以幫助。雖然睡眠可以通過這些小方法來調節，但歸根結底還是需要保持良好的生活習慣來維持。

心得欄 _____

_____

_____

_____

_____

_____

3

繞開時間管理的陷阱

••••••••••••••••••••••••••••••••

　　研究時間管理的學者經過對大量的案例進行分析，發現人們常常為 10 種時間管理的陷阱所困擾、所迷惑，在管理時間時，人們一定要繞開陷阱的技巧。

　　陷阱一：事必躬親

　　有的人的時間之所以很緊，是因為他們事無大小，不分巨細，一律親自上陣。結果自己疲憊不堪，而事情卻是越做越多。

　　要擺脫事務纏身的現狀，人們可以招募有能力的下屬，充分授權，把瑣碎的事情交代給下屬。

　　陷阱二：情不自禁

　　由於興趣的原因，人們常常喜歡做自己感興趣的事情，並樂此不疲。越是年輕人，這種偏好表現得越強烈。例如：最典型的就是現在的線上遊戲，每天不知多少人花費了很多的時間和精力以及體力在上面，於是人們本來計劃用於工作和學習的時間都被玩遊戲侵佔了。

　　要加強個人的時間管理，人們就要努力培養自我約束的能力，抵抗住興趣偏好的誘惑。只要工作或學習需要，那怕是在興頭上，

也一定要放得下。

陷阱三：猶豫不決

一些人們認為對問題總想考慮得越週到越好，對工作總想等條件完全具備了再幹。這種人的特點是多謀而不善斷，長於心計而疏於行動，事情總是久拖不決，久等不辦。

猶豫不決，會使人們錯失許多機會。因此人們要堅決果斷，把事情的前後左右因素考慮週全之後，選擇相對最佳的方案果斷處理。

陷阱四：過分客套

一些人在社交活動中談話常常漫無邊際，天南地北，總想弄清楚所有的細枝末節。

人們應該認識到，並非是所有的社交活動都很重要。有些社交活動是工作需要，有的是禮儀性的，還有的是休息性的，對於工作性會晤要減少客套，儘快進入實質性的問題。

陷阱五：例行公事

一些人在工作中「做一天和尚撞一天鐘」。究其原因，是由於他們缺乏自己的人生目標，常滿足於應付差事，沉溺於文山會海中，大量的時間在「千篇一律」中流逝。

改變這種現狀的主要對策是，人們應該學會將所有的工作按輕重緩急分類處置，對可辦可不辦的交給別人去做，抓住重要的認真處理，對次要的快刀斬亂麻。

陷阱六：標準過高

也有些時候，人們按照自己的價值觀，對自己的期望多於自己可支配的時間。這時候，人們常會由於自己的時間管理標準過高，

而無法實現，導致自己陷入無邊的痛苦。

這時，你要把你的標準降低，不要讓別人的看法影響自己。你制定標準的時候，往往與自己所受教育和父母的期望有關。你應該學會在自己父母的面前說：「我感謝你們為我所做的一切。但現在我已經獨立了，而且我要用自己的方式生活。」

陷阱七：漫不經心

一些人常對時間和各種事情都是抱著漫不經心、隨便打發、無所謂的態度，任由時間匆匆流逝。許多寶貴的時間就是這樣在人們的不經心、沒有計劃的隨意中浪費掉。

人生苦短，時間是人們的財富，只有珍惜時間的人才會擁有巨大成就。因此人們做事一定要制定完善的時間計劃，並嚴格遵守。沒有列入計劃的事情，一定克制住自己的衝動，克服自己的自由散漫作風。

陷阱八：碌碌無為

還有一些人卻是過分地計劃、永遠在做工作的時間表，更新的時間表，損失的時間表，甚至計劃到了事情的每一個細節。這種人過度工作忙於做事情，而沒有估量時間的真正價值，注意時間觀念過了頭，對別人浪費他一分鐘的時間都感到緊張，時間至上，到了形式化的地步。

這時，人們的眼睛不要總盯著錶針，應該放棄對時間形式上的重視，把重點放到關注時間的本來目的——達到更高的效能上。

陷阱九：無盡的瑣事

今天你必須要填寫納稅申報單，這件事對於你很重要，但卻並

不愜意。在填寫納稅表之前，你想起應該去趟郵局，今天還要與自己的牙醫約好看病時間，隨即又與對面的同事談論起自己非常感興趣的音樂會——半天時間就這樣過去了。

為了避免瑣事干擾，你必須跟自己約好，在填寫納稅申報單的一個小時裏，其他什麼事情都不去想。一個小時雖然並不長，但這是一段對你特別重要的時間。大多數情況下，你只要埋頭於重要工作一個小時，那千餘件小事對你就喪失了吸引力。

陷阱十：疑慮重重

人們對自己不滿意的鬱悶感，常導致把自己的日程和任務總是安排得滿滿的。

要避免這種現象，你首先要先分析一下，到底對自己那些地方不滿意。你試試，感覺一下，自己身體那些部位不舒服，頭部、心臟、腹部還是背部？身體器官可以對此做出本能的反應。然後，你可以根據自己的身體部位提供的線索，就可以開始第二步的工作。

例如，頭疼主要反映你缺乏自信，有生存危機感，為前途而操心，為金錢問題所困擾。

其實，一般情況下，隱藏在這些問題後面的精神問題是金錢和保險無法解決的。轉變一下你的觀念，首先不要去追求安全，而去追求幸福、追求滿足感。

如果你感到自己的心臟不舒服，主要反映你存在一些社會問題，例如：缺乏認同感，嫉妒別人，沒有成就感，總感到自己是多餘的人。

改變這種狀況的方法首先是與少數人建立真誠的關係，並維護

這種關係。然後才去追求掌聲、讚揚和自己的職業成就。

如果你感到自己腹部不適是由於自己生悶氣，自己沒有強項，總感到社會不公平，有太多的不滿，人文環境（上司、公司、工作）質量差。

雖然，這時短暫的發洩你的憤怒，拍桌子，喊叫——但只能在很短的時間內；然後，再嘗試著玩點幽默，超然物外地對自己說：「發火真是白白地耗費生命。」

當你感到有些背痛時，則是由於長期的負擔過重，對自己要求過高，過分追求和諧，家庭和伴侶關係中存在說不清楚的問題。

其實，你本不必對生活有太多壓力，請相信，僅僅是你的存在本身、你的出現就說明了你的價值，而不需要你做些什麼。你可以試一下：出席會議的時候什麼都不準備，把事情都擱在一邊，公開說出你已經筋疲力盡。

心得欄 ┈┈┈┈┈┈┈┈┈┈┈┈┈┈┈┈┈┈┈┈┈┈┈

┈┈┈┈┈┈┈┈┈┈┈┈┈┈┈┈┈┈┈┈┈┈┈┈┈┈┈

┈┈┈┈┈┈┈┈┈┈┈┈┈┈┈┈┈┈┈┈┈┈┈┈┈┈┈

┈┈┈┈┈┈┈┈┈┈┈┈┈┈┈┈┈┈┈┈┈┈┈┈┈┈┈

┈┈┈┈┈┈┈┈┈┈┈┈┈┈┈┈┈┈┈┈┈┈┈┈┈┈┈

┈┈┈┈┈┈┈┈┈┈┈┈┈┈┈┈┈┈┈┈┈┈┈┈┈┈┈

4

要消除工作干擾因素

　　如果大家想在較短的時間內完成更多的工作，你就要從消除那些干擾你工作的因素入手，去除那些煩人的經常會破壞原有計劃的干擾因素。

　　你不妨做一下嘗試，無論你何時發覺自己偏離正軌，沒有按照原有計劃工作的時候，不妨記錄下來，並對近似的表現進行回顧和分析。你可以拿出筆記，分析你究竟差錯出在什麼地方，思考你準備用那些措施來減少這種事情的發生。

　　為了讓自己的工作不受干擾，你要對以下幾個方面進行關注：

　　拿走那些與你的工作毫無關係的東西，尤其是那些吸引你經常讓你注意力從工作中移開的電影光碟、電子遊戲、書籍和其他一些對工作沒什麼用的閱讀材料。即使在家工作，你也必須把那些讓人容易分心的東西拿走。如果你的電腦裏裝有遊戲，一定要刪除它們，因為電子遊戲是吸乾人們寶貴時間的罪魁禍首之一。

　　你一定要整理好那些與工作不相關的個人發票、信件、目錄冊和其他各種材料，為自己建立一個清淨無干擾的工作環境。

　　你可以集中時間處理與工作有關的商業性電話。你可以設置一

個固定的時間，讓你的商業聯繫人在這個時間給你打電話。並且把這段時間記在每天的工作安排表中，並一定要嚴格按照計劃中設置的時間進行業務上的電話聯繫。這樣做可以使你免受電話的干擾。如果辦公室的電話總在響個不停，你根本無法繼續工作下去，更不要提什麼積極性與創造性了。

在工作時間，最好不要接打私人電話。即使是打個有用的私人電話也應當有適當的時候。如果你每天需要安排的私人事務很多，幾個電話遠遠不夠的話，那就在一天中劃分出一段時間專門用於打私人電話。並且一定把你集中處理私人電話的這個時間通知你的家人、朋友和其他相關的人，請他們尊重你的時間安排。

你要學會擺脫同事聊天的干擾。對於那些喜歡在上班時間在你辦公室裏閒聊天的同事，你要委婉地告訴他，同事之間的溝通是應該的，但必須要有個合適的時間和地方。如果對方總是不分時間地點知道點閒雜事就找你說話，不妨在他進來之前把他擋在門外。例如：關上辦公室的門，外面掛一塊牌子上面寫著「請勿打擾」；當別人準備找你聊天時，你不妨給他個暗示，意思是自己正在工作沒時間和他聊天；或者乾脆直接告訴他你今天的業務很忙，又必須在今天完成，實在是沒有時間陪他說話。或者，當有人走進你的辦公室的時候你可以站起來和他說話，好像一副準備時刻「送客」的樣子，這樣你們的談話就不會太長，你的時間也就保住了。總之，你要使用一些巧妙的方法，讓那些習慣上班閒聊的人知道你沒時間和他們一塊蜚短流長，這樣一來你每分鐘的時間都可以排得滿滿的。

當你的助手或者秘書協助你工作時，你可以告訴他把工作區域

內不相干的東西都收拾好，讓他幫助你減少一切干擾工作的事物，避免對時間的浪費。

　　仔細回想一下以前的你，經常性地無法按照計劃完成工作，要麼在辦公室裏呆得很晚，要麼就是把一大堆未完成的公務拿回家做。導致這種情況的原因通常是干擾因素在作祟。你不妨試試以上這幾種方法，希望它們能對你有所幫助。

心得欄

5

疲勞之前就要休息

疲勞的人容易心情憂慮，並且工作效率大為降低。醫學家告訴人們，疲勞會降低身體免疫力，心理學家則提醒人們，疲勞同樣會降低你對憂慮和恐懼等等感覺的抵抗力。因此，防止疲勞在一定程度上也就可以防止憂慮。

在第二次世界大戰期間，古稀之年的英國首相邱吉爾能夠每天工作 16 小時，指揮大英帝國作戰，確實是一件令人佩服的事情。邱吉爾的秘訣在那裏？據邱吉爾週圍的人們說他每天在床上工作，看報告、口述命令、打電話，甚至在床上舉行重要的會議。邱吉爾並不是不會疲勞，也並非是要消除疲勞，因為他根本不必去消除，他通過事先休息的方法就防止了。因為他經常休息，所以他可以一直精神飽滿地工作。

美國的石油大王洛克菲勒也創造了兩項驚人的紀錄：他創造了當時全世界為數最多的財富；他活到 98 歲，是企業家中少有的健康長壽的人。他如何做到這兩點呢？有一個原因是，他每天中午在辦公室裏睡半個小時午覺，以養精蓄銳。在這期間，即使是美國總統打來電話，他也不接。

　　芝加哥大學心理學教授雅格布森先生花了好多年的時間，研究放鬆緊張情緒的方法在醫藥上的用途。他研究了無數個案例後發現：任何一種精神和情緒上的緊張狀態，在完全放鬆之後就會消失了。也就是說，如果你能放鬆緊張情緒，憂慮也就解除了。

　　美國陸軍的多次行軍實驗證明那些經過多年軍事訓練、體格健壯的士兵，每一小時休息 10 分鐘，他們行軍的速度就會明顯加快，並且堅持的時間也更長，所以陸軍一般都強迫士兵堅持這樣做。其次，如果你能堅持鍛鍊，並且合理休息，你的體質也能和美國陸軍一樣的強健。

　　據醫學家統計人的心臟每天壓出來流過全身的血液，足夠裝滿火車的一節油罐車廂；每天所供應給身體的能量，也相當於用鏟子把 20 噸煤搬上一個 3 英尺高的平台所需的能量。人的心臟能完成這麼多令人難以置信的工作量，並且持續 50～60 年，甚至可能百年之久，人的心臟怎麼能夠承受得了呢？

　　對於人們的疑問，醫學家這樣解釋：絕大多數人都相信，人的心臟一刻也不停地跳動著。事實上，心臟在每一次收縮之後，它有完全靜止的一段時間。當心臟按正常速度每分鐘跳動 70 次的時候，它一天實際的工作只有 9 個小時左右。也就是說，人的心臟每天休息了大約 15 個小時。這充分說明休息的益處。

　　由此看來，在疲勞之前休息，既有益於身體的健康，又有益於提高工作效率。

6
適度休息可以保證工作效率

有的職業經理人總是以「忙」為藉口，沒有足夠的時間來休息；有的職業經理人認為把時間花在休息上很不合算。然而，會休息的人才會工作。

1. 重視休息的威力

要正確地看待休息，工作好比是加速，而休息則是「加油」，油不夠了，就應該停下來「加加油」。因此，在工作累了之後，應該適當休息一下。休息的形式可以是小睡、出去走走、做些簡單的體操。

當然，員工想堂堂正正地在辦公室內休息，的確很困難，因為這常常被經理誤解為偷懶。所以，開明的經理應該允許員工這種為了恢復精力而進行的積極的休息。

休息的主要形式是睡眠，但是調查顯示許多經理人的睡眠狀況令人擔憂，以下因素可以改善睡眠的品質：

．安靜的房間，以及感覺自在的空間。

．營養均衡的飲食。俗語「早吃好，午吃飽，晚吃少」。

．不在臥室內裝電視。睡前看太多東西或接受太多刺激會使人難以入睡。

・睡前不喝咖啡、濃茶、巧克力、可口可樂等含咖啡因的飲料。

・保持心態平衡，摒棄煩惱，一無所掛。

2.合理分配工作與休息時間

有的經理人為了工作佔用了大量的休息時間，結果使工作時間的效率並不高。我們不提倡成為「工作狂」，事實上，工作狂不是很好的時間管理者，這種以犧牲休息時間為代價換來的常常是低效率。當然，有個別經理的精力特別充沛，可以長時間地延長工作時間而不感到疲勞，則另當別論。

休息與工作相輔相成，不能一味的工作不休息，也不能光休息不工作，為了保證工作效率應該學會休息。

聞名世界的資本家哈默，表面上看是個「工作狂」，實際上他很會休息。哈默 58 歲時，本打算退休安度晚年，後被石油生意所吸引，接手了西方石油公司，做起了石油生意。他工作起來如旋風一般，決策果斷，從不猶豫。在經受長達 6 個小時的結石手術後，許多熟悉他的人都以為，他要有 6 到 12 個月不能動了，誰知他第二天就躺在病床上與世界各地有關單位通起了電話。

1983 年，哈默說：「我一週工作 14 個小時，爭分奪秒，毫不含糊。」哈默以「飛機為家」，他購買了一架波音 707 客機，改裝成私人專機，加裝了精密的電信設備，可以和世界任何地方通話，達到了他「旅行不停，電話不斷」的目的。他工作的時間有一半用在打電話上，有人說，哈默緊張的日程安排，可以累垮 100 個年輕力壯的小夥子，但哈默非常會休息、娛樂和

鍛鍊身體。他的女秘書說：「有人說哈默工作像颶風，但哈默本身是颶風眼，分外平靜。」哈默特別注意保健，講究節食和運動。他每天在私人游泳池游泳半個小時，接著收縮腹肌 500 次，然後按摩全身，並洗冷水浴。

心得欄 _

_ _

_ _

_ _

_ _

_ _

7

忙碌之中要學會休息

　　很多人都有過這樣的經歷和體驗：當你手裏提著一袋子東西走路或者爬樓梯的時候，最初你並不覺得它很重，提起來非常輕鬆；可是提著東西走一段之後，你開始感覺到它有一些重量；繼續走，漸漸會覺得它很累人；再繼續走一段時間，你逐漸覺得它簡直有千斤重，重到你已經提不動了。

　　其實，你所提物品的重量並沒有發生任何的變化，所變化的只是你自身的體力。在你的身體已經開始疲憊的時候，你再繼續提著就會比開始的時候吃力多了。

　　福特說：「只知工作而不知休息的人，有如沒有剎車的汽車極為危險。」

　　工作與負重走路的道理也是一樣的。同樣的工作內容，在睡眠充足、精力旺盛的時候，你做起來會輕鬆快捷；而當你困倦疲憊的時候，做起來就會非常吃力耗時。但我們並不是要大家都休息，放棄工作。因為福特還說：「不知工作的人則和沒有引擎的汽車一樣沒有絲毫用處。」

　　由此可見，要有效地提高工作效率，除了掌握時間管理的技巧

之外，還要學會適當地休息和娛樂，以保持充沛的精力和良好的體質。

1. 睡眠是讓人們保持充沛精力的最好方式

睡眠的作用在於把人們身體活動所消耗的能量補償回來，同時為第二天的活動儲備新的能量。睡眠期間人體內會產生大量抑制感染的抗體，有利於人體的生長發育，保持旺盛的工作精力和大腦的健康。醫學家發現：當人們每天睡覺少於 8 小時時，精神集中程度將下降 30%，而且能力的發揮只達 76%，工作素質下降 20%。

睡眠是人們維持生命活動的一種手段。晚上沒有睡好，人們將很難做到第二天又能精力充沛地工作。休息和睡眠時間太短，必定會引起反作用。醫學家們發現，每天睡眠 4 個小時的人，比每天睡眠 8 個小時的人死亡率高 18%；同時，每天工作時間一超過 8 小時，則效率將快速遞減。

長時間工作不僅讓人感到疲勞，而且還可使人養成拖延的壞習慣。白天幹不完，晚上還可以幹，這種習慣也容易使人們失去時機，導致工作的失敗。因此，不管工作多麼有趣或多麼緊張，要保持高效率的工作，你必須適當地休息。你定時休息一下，活動一下筋骨，改變一下週圍的環境，並充分找到適合自己睡眠的時間和方式，隨後固定睡眠時間，那麼，你將獲得更多的精力進行工作，工作效率將得到改善。

工作忙碌、壓力巨大這些都不應該是影響睡眠的理由。充足的睡眠能夠讓你提高工作效率，讓你更理性地作出正確的判斷和決定。

企業家哈裏曼曾經對美國西部鐵路的建設做出很多貢獻。他從

不因嚴重的突發事件而緊張躁動不安，雖然，在這些事情中，他所承擔的壓力與責任最大。

在美國 1907 年金融市場的那場危機中，所有的企業都沒有倖免。作為一家大型企業的老闆，按理說哈裏曼應當是最著急的人物。一天晚上，哈裏曼和一個朋友在一起。分別的時候朋友勸慰哈裏曼說：「晚安，我希望你能好好地睡一晚，明天，金融界的這場危機自然會平安過去的。」

哈裏曼微笑著答道：「我從來都不會因為工作上的事情而影響睡眠的，現在也是如此。」果然，第二天早晨吃早飯的時候，人們發現他和平日一樣的輕鬆愉快。雖然哈裏曼比旁人要知道得更清楚，他公司的事業以及整個美國金融界在當天會遭到嚴重的衝擊，而且，破壞的勢頭一定來得非常之凶，但是，他認為只有讓自己得到充分地休息，才能有充沛的精力來進行工作，來高效率地應對各種意外和危機。

2. 適當地小憩（打瞌睡）有利於緩解疲勞

在短期之內由於時間過於緊張，暫時不能有長時間充足的睡眠，那麼你不妨在工作的間隙抽出 10～30 分鐘的時間打打瞌睡，這樣做同樣有利於你緩解一下緊張的神經和大腦。

大部份主管均對員工在工作期間打瞌睡表示不滿。然而醫學家研究發現，白天打瞌睡有助於增強一個人的活力和提高生產力，甚至還可改善人際關係。一般，人們在白天打瞌睡同樣具有效益，證明人們在百忙中抽空小睡片刻並非是種偷懶的行為，實在有助於提高工作效率。若一個人因睡眠不足而感到疲倦，他可能在工作時屢

犯錯誤。同時，疲倦亦會讓人缺乏創造力。因此，在工作時感到疲倦，你不妨小睡 10～30 分鐘，借著短時間休息提高工作效率，振奮工作情緒和協助改善與工作夥伴的相處方式。

3.娛樂可以讓你在工作時充滿活力

我們的最終目的還是要生活得健康、愉快、多姿多彩。因此人們常會把休息、娛樂和人際關係都看作完滿生活的重要組成部份。

雖然為娛樂排定時間聽來有點矛盾，但那的確是你提高工作效率所必須做的，以便真的為它空出時間來。

你不妨空出一個週末的下午去拜訪朋友，或者看場電影，並讓它成為每個週末的一項必須進行的活動。只工作不娛樂會造成一個乏味、不愉快的人生。你值得擁有更多娛樂，體會它並實現它。珍惜並且利用好你的娛樂時間，因為它可以恢復你的活力。畢竟，特殊的時刻讓生活更有價值。想想你最愉快最溫暖的時光。它們或許涉及和摯愛相處的時間。借著為自己排定個人時間來創造你的回憶。

下面是一些供你在個人時間中振奮自己精神的活動和建議：

一段長距離、安靜的散步；泡個舒服的熱水澡；讀本讓你鬥志昂揚的勵志書；郊遊或度假；學習攝影、插花等你一直想學的非常感興趣的課程；去做頭髮、按摩、上美容院「寶貝」自己一下；與自己的親朋好友吃頓晚餐、看場電影；看一場球賽或你所喜歡的明星的演出。

4.適度的體育鍛鍊有助於增強你的體質

體質不佳是困擾白領者的一個大問題，因此你必須養成鍛鍊的好習慣。你也可以選擇小區的健身器材，每天早起半小時，在各種

器械上充分活動一下筋骨再去上班。

　　每個人的身體狀況各有差異，因此你應該充分瞭解自身的身體狀況，選擇適合自己的鍛鍊方式。

　　練習的強度與運動量大小應按照你的體質狀況與鍛鍊水準，做到合理控制，度量適宜。一般以練到略有些疲勞感為止，運動量不可以太大。結束鍛鍊時每分鐘脈搏控制在 140 次左右為宜。

　　體育鍛鍊對於身體的強健作用是需要很長時間才開始顯現出來的。因此，不管採用那種鍛鍊方式，都應該長期堅持，養成鍛鍊身體的習慣才能真正發揮出它的作用。

　　並且，一些較複雜的體育動作與技巧也不是一朝一夕練就的，都要經過不斷地反覆練習才能掌握。即使已經掌握的動作技術，如不經常復習，也會走樣，並逐漸遺忘。

　　同時，從健康的角度看，如不經常堅持鍛鍊，僅僅是偶爾運動，不僅不能起到鍛鍊的作用，相反，還會使你受到傷害。尤其是中老年人，心血管系統的適應能力較差，短時間的劇烈運動很容易引起心血管方面的疾病。

　　在進行體育鍛鍊時，應注意活動內容要由易到難；運動的時間要由短到長；運動的強度由小到大。例如練健美操，初學者應在教練指導下，有計劃地進行鍛鍊。如此鍛鍊效果就比較明顯。

　　另外，你也可以加入自己的創造和創意，結合自身特點和練習環境自行設計與製造練習器材和自創練習方法，豐富鍛鍊內容，提高鍛鍊效果。

8

避免決策上時間的浪費

··

1. 沒有善用你的助理

把你準備完成的工作列成一張表，再列入你的助理能為你做的工作。考慮他們的工作是否分配足夠？是否和他們討論過你的首要工作和接受的任務？他們是否曾替你分擔一些有助你完成當天重要工作的事情？

減輕一些你的工作量。每天擠出一定的時間，把工作負擔檢查一遍，將一些工作適當地分配出去。因為多分派一些任務給助理們，就等於幫助別人增加他們的自信心和成就感。

2. 對工作缺乏熱情

有許多人整天混日子，盼望今天千萬別遇到困難的工作。他們幻想付出最低勞動而完成任務。

要找出你對公司的興趣，使自己熱愛你的工作和公司。對你的工作、公司感到興致勃勃、滿腔熱情。

無論什麼計劃或任務，總有完成的辦法，大家結合成一組，工作時就可以發揮集體智慧，使工作獲得圓滿成功。

3. 不願意和旁人真誠來往

傑出的主管人員都很懂得和同事、客戶商討問題，並從中搜集重要資訊，以供決策使用。

這可以讓主管和同事間的相處十分融洽，也讓同事覺得受到重視。主管們從各處搜集到資訊，才能掌握時間效益，使他們的企業成為更好的工作場合。因為你瞭解旁人越深，就越容易和他們共事，同時也會更關心旁人、注意旁人。

4. 對旁人不予置答

你向高效能人士詢問過上個季的生產情況，並且答應給他們一份有關改進生產部門的報告。但是你把提供的資料擱在腦後，而且報告也沒有寫出。

運用你要來的資料。答應寫的報告應當儘快寫好送出。當你的同事知道你會採用他的資料，他才會繼續提供給你。樹立起及時有效地處理資料和感激同事幫助的良好信譽，你才能處處受人歡迎。

5. 資料太多

你接受一項新任務，負責研究公事節約能源的新方法。你向同業工會和政府當局等許多部門查詢，結果每天收到大批回信，文件夾和辦公桌上堆滿了這類郵件。

當有關你所需要的資料夠用時，就馬上停止搜集。因為太多的資料將會耗盡你的精神和時間。

6. 過分閱讀報紙

看報是讓自己瞭解最近的發展形勢和自己工作領域趨勢的一項重要功能，如果不加限制，就會成為主要的浪費時間項目。有些人

會利用吃早餐的時候看報，或在堵車時流覽一下大標題，也有人會把重要新聞剪貼下來以備日後參考。但千萬不要讓報紙佔據了重要的優先地位。

7. 事事請主管指示

你知道要完成一項任務需要做什麼工作，但是還需要你的主管提供給你意見。為什麼要等他的指示來幫助你呢？在等到和老闆談話以前，你應該可以多做一些工作。

對自己的工作應先做出一些決策，培養自己的判斷力。

假如你是老闆，你願意員工事事都等你指示才進行工作嗎？問問自己什麼是最快和最方便的方法。

要勇於承擔決策的考驗，從經驗積累中漸漸樹立起自己的信心，進而成為善於控制時間的人。在自己能做決定時，不要等待指示，做你應該進行的工作，在突出的重點工作上表現你的實力。

8. 助理工作負擔過重

你分配給助理的工作太少，只會浪費人力資源和自己的時間；而分配過重時，又會讓助理喘不過氣來，導致別人緊張不安，負擔過重，最後也可能使人才流失，加重自己的工作，得不償失。

密切注意助理的工作量。要求他們在感到負擔太重時要告訴你，以便你做出必要的調整。

經常檢查他們的工作質量、數量和是否按時完成。特別是當你表現出對他們的關心愛護時，助理也會更加賣力，幫助你把事情辦好。

9. 有過多的空想

有時多利用創新性思維，可以幫助你產生比較新的好主意。

但是若只流於過多的幻想而不動手去做，就會陷入空想的圈套中，白白浪費了寶貴的時間，因此可以試驗一下空想出來的主意，不能光想不做，行動起來！讓時間為你產生效益。

10. 對同仁缺少評價和回饋

某大型空運公司在盈利下降、虧損日益加重的情況下，要求設法挽救。最後他們決定推行員工目標管理制度，按照目標檢查每個員工的工作。如果他或她完成目標，高效能人士就向他們致賀，完成 80%時，高效能人士就說：「你已經完成了 80%，再加把勁！」從運送員、業務員到行政人員等等，全都包括在這個計劃內。

員工們都贊成制定工作目標，因為當他們接近完成或完成後，得到上司的肯定鼓勵，也會更加有幹勁。積極的支援就是對員工們的努力給予肯定的重視，並向他們發出鼓勵和愛護的資訊。

11. 不利用現成資料

某廣告公司的市調經理，每次在開始執行一項市調前，總會先向同事們提出一個重要問題：「過去我們做過同樣的研究調查了嗎？」因為利用現成的資訊資料，可以節約重覆的寶貴時間和經費，而且少付出大量人力資源。

第 十 章

改善你的時間使用方式

1

一定有令人改善的餘地

當別人的工作方法非常沒有效率時，我們很容易看出這一點來，但換作是自己，大多數都不能清楚的察覺出這一點。但是實際上，說到我們工作的方法，卻很少有人說沒有改善利用時間的餘地。

為何如此呢？其最重要的原因就是：我們是習慣的動物罷了。我們往往無視於週圍狀況的變化，以及照著習慣的一成不變的做法；而另一個原因就是：工作的內容因沒有計劃化、合理化，於是

混亂地膨脹；第三個原因是，只做自己想做的事，而無法做的工作也因別人的強制而不得不做。

除此之外其他尚有以下幾個理由。從事沒有必要的工作——從事別人做的話可以更有效率，更經濟的工作——工作程序錯誤——與不能相互配合的人一起工作——工作中帶進不必要的手段——不利用更新的方法或設備等。

姑且不論這個人工作的種類為何，大多數的人都犯了其中的一些，甚至全部的過失。

心得欄 _
_ _
_ _
_ _
_ _
_ _

2
工作改善的原則
....

　　製作了職務記述書，把自己該做的事情毫無遺漏地記入腦袋之後，下一步必須要做的就是，將這些工作合理化地實行——也就是把它組織化的意思。

　　要將工作組織化可以遵照以下之步驟來進行。

　　1. 篩選工作

　　首先，把對自己的工作之目標全無幫助，或者是貢獻度很少的工作篩選除掉。再來，把雖有價值，但也可以交給其他人做的工作選出來。之後，將挪到後面再做也沒有任何妨礙的工作除掉。

　　2. 改善工作的方法

　　第一項所說的是把不必要的工作全部省去的辦法，但改善工作的方法也是將工作組織化之一種方式。針對此有以下六種方法，可以單獨使用，也可以配合著使用。

　　①削除、②結合、③重新排列、④變更、⑤代用、⑥標準化。

　　消除某些步驟是一種簡單之改善方式。如果這個步驟毫無用處，當失掉它時也不會覺得有任何損失。

　　而結合數個步驟，也可以得到與消除同樣之效果。例如，雖有

不同之處，但也有一些類似點之兩個方法，如果相互之間有一些關係，那麼實質上也是針對著相同之目的，可以將此兩個形式方法結合而為一，便能節省一倍之勢力。

　　所謂重新排列，是指著變更步驟的順序。想一想那一種順序才是最合理的。

　　而變更是指改變其做法。雖然終究是做同樣的事情，但也可以用不同的方法來處理。

　　代用是指把某一要素與他種要素替換之意。例如，把每週訪問一次改成為隔週訪問一次，而沒有訪問的一週改用電話來替代。

　　標準化是指共通化。把常常需要做的工作安排成每一次都可以用同樣的方法處理的情況。例如，在做記錄時利用共通之記號能使其單純化，對於常常碰到的詢問，應事先套好共同之回答等。

　　當然，你不必要把這些方法全應用在你的工作上。應該只要限於非常需要花時間的、常常發生的、需要一些麻煩的、會影響其他工作的……等重要的事項上。

3
利用單純化來改善工作

體會工作之內容後加以篩選，省去不必要之工作，並且利用消除、結合、重新排列、變更、替代、標準化的六種方法來改善它，以及針對全體把工作的方法組織起來之原則，說明將工作單純化的方法。

如果你曾照著建議做了屬於自己專用的職務記述書，那麼你一定早已能正確地掌握每天的工作。而如果把必要做的事情一件一件地加以注意深入分析，首先會發覺，所有的工作都會發生一些無謂的時間與勞力浪費。就是這些無謂的浪費關聯到時間的浪費，因此要活用時間，就必須把這些無益的浪費省去。

為此必須把一個一個工作在各階段上加以檢討。

①為何這個工作是必要的？是否只是因為習慣而這麼做？難道全部，甚至其中一部份都無法省去嗎？

②從事這個工作的關鍵在那裏？如果做這個工作，是否出現一些以前從沒有過的新的東西？

③如果這個工作是必要的，那麼應該從那裏著手呢？本可坐在安樂椅上輕鬆地做的，是否卻刻意地對著桌子正襟危坐的思考呢？

檔案櫃也不要把它放在遠處，而是否應該把它放在從椅子上站起來時便伸手可得的地方呢？

④這個工作什麼時候做最合適？最有效率的重要時段留來做最重要的工作，而較不重要的工作應分配給效率低的時段？

⑤應該由誰來做這個工作？是自己做呢？還是讓別人做？

⑥做這個工作之最佳方法為何？是否採用了最好的方法來提高工作之效率？

透過這樣的自我質問，一一分析自己的日常事態之後，再將這些整理如下。

①省去不必要的工作。

②盡可能使工作順序簡化。

③如果有兩件或兩件以上之工作能夠同時完成，最好能相互兼顧，一氣呵成。

④儘量簡化瑣碎工作的細節。

⑤事先排定著手下一個工作的順序。

剛開始採用這些步驟，或許會覺得很麻煩，但很快就會習慣了，並且漸漸地變成一種習慣。

4

即刻處理的原則

·······························

據效率研究專家的說法，想在同一時間以同樣的努力完成更多的工作，最好的方法就是即時處理。

簡單的說，「即時處理」就是凡是自己決定要做的事一定要立即著手。「立即」這一點是很重要的一點。

只要稍具一點「即時處理」的技術的人，大多可以把事情處理得不錯。不僅如此，因為工作愉快又充滿生氣，更能有效的處理事情。

能夠即時處理的人，絕不會延遲了訪問客戶的時間，使生意平白無故的被競爭對手搶走；也不會將今天該做的報告拖到明天，而挨上司的罵。只要想到有該做的事，一定立即當場解決。

懂得即時處理的人，也是能夠善用時間之高手。

首先應該有「只有一天」的觀念，因此在一天內將所有工作即時完成，尤其是瑣碎的工作更應立刻處理完畢。因為這種工作往往是最浪費時間的。

如果有一次做不完的事情，也應訂下可能完成的時間，在進度內無誤地完成。

　　立即處理不只是能夠省去重新記憶，記載或從頭再做的麻煩，更可以清除一件事情老擱在心中的一種壓迫感。

　　某位經營幹部採用了「一次處理主義」來處理所存的事務，省去了不少一而再、再而三處理事務之時間。

　　如果有回信之必要，最好立刻提筆。否則等到等下再回時就必須再看一次來信，等於更浪費時間。

　　若有需要下決定就立刻決定。如腦海中浮現出有益工作之點子，馬上去實行。凡事「再一次」就會浪費了很多時間。

　　當然，由於工作之不同，有些事情就必須深思熟慮，花更多時間來思考，可是不太重要的事情或急事，還是以「馬上做」為上策。

　　還有一點希望大家記住的是，「今天」這一句話就像空想成功的魔術般的話，而「明天」、「下週」、「等一下」、「總有一天」等話語就是失敗的同義語。

　　「今日事今日畢」把這句格言活用在你自己的生活上。

　　切記只存「馬上」才能辦好工作的想法，「總有一天」、「遲早」等想法只有失敗的結果。

5

巧妙運用例外管理

如果你是一位擁有部屬的管理者，利用「例外管理」的技術也可以節省許多無謂的時間。

如果堆積在你面前的備忘錄或報告太多，就可以利用這例外管理，要求部屬只報告那些超出常軌之數據，僅可能減少報告書之數量。那些不會產生什麼問題，照計劃進行的都可以將它們除外。

例如你是一位行銷經理，規定底下的推銷員一週要拜訪客戶二十五次。而經理只要每週定期檢查，看看部屬有沒有完成要求的工作，除此之外對推銷員非常放任。但是，如果這一位推銷員每週只做了十五次的訪問，那麼這將引起經理的注意，使他不得不馬上採取某項行動。相反的，如果每週訪問三十五次，太過積極同樣地也會引起經理的注意，而採取某項行動。

如能遵照這種方法，一定能夠從被日常繁瑣的工作佔去太多時間的困擾中解放，並且能夠從「很多的小事」將時間用於「重要的少數」上。

6

瑣事應敬而遠之

　　與「例外管理」一脈相通的有「瑣事敬而遠之」的方法。

　　「我不能允許的就是有能力的部屬，能夠處理的工作還要推到我桌上來。只有當部屬無法解決的大問題時才由我來處理。依照實際分析來看，我用這種方法已比我前任的人減少了 15%左右的裁決事項，因此相對地也增加了我做其他工作之時間。但是這絕不是就疏於監督部屬的工作。相反地，我對於自己負責的重要問題，更能多花時間來加以思考。因為我把瑣碎的事情交代給部屬，所以工作時間就增加了。」

　　那如果你沒有部屬，而是最基層的人員，這方法是不是不適用呢？

　　絕對不是。我們不妨以文書處理人員做例子。這時你大可把那些檔案卷宗當做是你的「部屬」。依日期或類別將每天的公文一一歸入檔案卷宗裏。當上司說「我為那一件事情寫的信件在那裏呢？」時，你便可以馬上把它找出來。而不必慌慌張張，這些「部屬」早已為你準備妥當。

7

一次徹底做完一件事

　　想把工作做得更有效率的更好的方法就是「一次徹底做完一件事」，並且絕不把今天的工作拖到明天。

　　「對我來說最好的節省時間的方法就是一次徹底做完一件事，而在這件事情未完成前絕不輕言放棄，我沒有辦法巧妙地同時做二件事情。有些人可以做到，而且還做得不錯。但依我的見解，那必須先訓練出工作不中途而廢的精神。只有養成凡事貫徹始終之習慣，才能將自己的時間和精力活用到極限。」

　　心理學家也說：

　　「據我所知，對節省時間最重要的課題就是一次計劃一件事，並且自我訓練成能夠貫徹始終。這不單是制定時間進度預定表就可以，還要自我精神訓練，以便能夠一心一意的投入眼前的工作。」

　　但是不管如何努力，仍然無法一次就完成這工作時，該怎麼辦？

　　如果沒有一次就完成工作，你必定會暫時告一段落，待以後再完成剩下的部份。這時你必須再次回想起那件工作的內容，找尋過去做過的痕跡，這便造成了浪費。為了減少這種時間上無謂的浪費，

需注意以下幾點：

　　①如果當天該做的工作還有幾件剩下來，最好先從較易完成的工作著手。

　　②如果手邊的工作一定會拖延至後，最好找一個適當的段落暫時結束它。

　　③如果工作無論怎麼樣都做不完，為了下次能很快進入情況，應做個工作順序的備忘。

　　④不到最後開頭絕不鬆懈，不要因為中午休息時間快到了，或快下班了而鬆懈下來。即使是最後一分鐘也要有建設性，不到最後關頭絕不鬆懈。

　　像這樣擠出來的時間，一星期合計下來也相當可觀了。

　　總之，有關當天的工作儘量在當天內做完。如果把它拖延到明天，只有更加麻煩、更費工夫。要是天天如此，工作便愈積愈多，不久你便會淹沒在公文堆裏。

心得欄

8

儘早排定明天的計劃

·······························

要把工作計劃化、組織化尚有以下幾點建議：

1. 儘早開始

早到公司十分鐘與晚到十分鐘，當天的工作效率就有差別，我想你也有這樣的經驗吧！

在家裏，由於大可將不重要的事情省去，至少可以節省十五分鐘時間。報紙盡可能略讀，不要賴床、也不要看電視看個不停，這些都是應有的心得。

在公司，儘早著手進行工作。不要一早就與人閒聊，或熱衷於昨晚的球賽。

2. 停止不必要的行動

太過積極的人往往反而因積極而帶給他麻煩。像這樣的人勇於嘗試新的東西，解決問題或探求事情的始末。當然這並不是一件壞事，但是應該注意不要讓這積極性傷害到自己。如果你就是這樣的人，請注意下列幾點：

①如果沒事先處理的心理準備，千萬不要捲入新活動裏。

②除非對你真正有用，不要一味地要求提供情報或報告。

③下達指示時應明確，不要讓人覺得有疑點。

④不要把工作分派給喜歡添麻煩的人。這種人遲早會變成你的負擔。

3.在控制下的進度完成工作

以長遠的眼光來看，凡事太匆忙比起以一定的進度進行工作得付出相當高的代價。

首先，省去一些不太重要的步驟或洽談。再來，如果覺得有非常恰當的步驟，就按照這個步驟來工作。一旦習慣之後，可再增加一些工作量，如果覺得步驟上有不妥的地方，則停止追加。再回到原來的情況重新開始，或進行檢討。

4.計劃隔天的工作

若想使工作組織化，必須在當天就擬定隔天的計劃。明天該做的事情將它做成備忘，如果拖到明天再想，往往細節的東西都忽略了。如果能夠在今日擬定明天的計劃，則明天的工作一定會運行得相當順暢。

心得欄 _____

臺灣的核心競爭力, 就在這裏!

圖書出版目錄

下列圖書是由憲業企管顧問(集團)公司所出版, 以專業立場, 為企業界提供最專業的各種經營管理類圖書。

1.傳播書香社會, 凡向本出版社購買(或郵局劃撥購買), 一律 9 折優惠。
　服務電話(02)27622241　(03)9310960　　傳真(02)27620377
2.請將書款用 ATM 自動扣款轉帳到我公司下列的銀行帳戶。
　銀行名稱:合作金庫銀行　帳號:**5034-717-347447**
　公司名稱:憲業企管顧問有限公司
3.郵局劃撥號碼:**18410591**　郵局劃撥戶名:憲業企管顧問公司
4.圖書出版資料隨時更新, 請見網站　**www.bookstore99.com**

~~~~~ 經營顧問叢書 ~~~~~

13	營業管理高手(上)	一套	52	堅持一定成功	360 元
14	營業管理高手(下)	500 元	56	對準目標	360 元
16	中國企業大勝敗	360 元	58	大客戶行銷戰略	360 元
18	聯想電腦風雲錄	360 元	60	寶潔品牌操作手冊	360 元
19	中國企業大競爭	360 元	72	傳銷致富	360 元
21	搶灘中國	360 元	73	領導人才培訓遊戲	360 元
25	王永慶的經營管理	360 元	76	如何打造企業贏利模式	360 元
26	松下幸之助經營技巧	360 元	77	財務查帳技巧	360 元
32	企業併購技巧	360 元	78	財務經理手冊	360 元
33	新產品上市行銷案例	360 元	79	財務診斷技巧	360 元
46	營業部門管理手冊	360 元	80	內部控制實務	360 元
47	營業部門推銷技巧	390 元	81	行銷管理制度化	360 元

82	財務管理制度化	360 元	147	六步打造績效考核體系	360 元
83	人事管理制度化	360 元	148	六步打造培訓體系	360 元
84	總務管理制度化	360 元	149	展覽會行銷技巧	360 元
85	生產管理制度化	360 元	150	企業流程管理技巧	360 元
86	企劃管理制度化	360 元	152	向西點軍校學管理	360 元
91	汽車販賣技巧大公開	360 元	154	領導你的成功團隊	360 元
94	人事經理操作手冊	360 元	155	頂尖傳銷術	360 元
97	企業收款管理	360 元	156	傳銷話術的奧妙	360 元
100	幹部決定執行力	360 元	160	各部門編制預算工作	360 元
106	提升領導力培訓遊戲	360 元	163	只為成功找方法，不為失敗找藉口	360 元
112	員工招聘技巧	360 元	167	網路商店管理手冊	360 元
113	員工績效考核技巧	360 元	168	生氣不如爭氣	360 元
114	職位分析與工作設計	360 元	170	模仿就能成功	350 元
116	新產品開發與銷售	400 元	171	行銷部流程規範化管理	360 元
122	熱愛工作	360 元	172	生產部流程規範化管理	360 元
124	客戶無法拒絕的成交技巧	360 元	174	行政部流程規範化管理	360 元
125	部門經營計劃工作	360 元	176	每天進步一點點	350 元
127	如何建立企業識別系統	360 元	177	易經如何運用在經營管理	350 元
129	邁克爾‧波特的戰略智慧	360 元	180	業務員疑難雜症與對策	360 元
130	如何制定企業經營戰略	360 元	181	速度是贏利關鍵	360 元
132	有效解決問題的溝通技巧	360 元	183	如何識別人才	360 元
135	成敗關鍵的談判技巧	360 元	184	找方法解決問題	360 元
137	生產部門、行銷部門績效考核手冊	360 元	185	不景氣時期，如何降低成本	360 元
138	管理部門績效考核手冊	360 元	186	營業管理疑難雜症與對策	360 元
139	行銷機能診斷	360 元	187	廠商掌握零售賣場的竅門	360 元
140	企業如何節流	360 元	188	推銷之神傳世技巧	360 元
141	責任	360 元	189	企業經營案例解析	360 元
142	企業接棒人	360 元	191	豐田汽車管理模式	360 元
144	企業的外包操作管理	360 元	192	企業執行力（技巧篇）	360 元
146	主管階層績效考核手冊	360 元	193	領導魅力	360 元

197	部門主管手冊(增訂四版)	360 元	235	求職面試一定成功	360 元
198	銷售說服技巧	360 元	236	客戶管理操作實務〈增訂二版〉	360 元
199	促銷工具疑難雜症與對策	360 元	237	總經理如何領導成功團隊	360 元
200	如何推動目標管理(第三版)	390 元	238	總經理如何熟悉財務控制	360 元
201	網路行銷技巧	360 元	239	總經理如何靈活調動資金	360 元
202	企業併購案例精華	360 元	240	有趣的生活經濟學	360 元
204	客戶服務部工作流程	360 元	241	業務員經營轄區市場（增訂二版）	360 元
206	如何鞏固客戶（增訂二版）	360 元			
207	確保新產品開發成功(增訂三版)	360 元	242	搜索引擎行銷	360 元
208	經濟大崩潰	360 元	243	如何推動利潤中心制度（增訂二版）	360 元
209	鋪貨管理技巧	360 元			
210	商業計劃書撰寫實務	360 元	244	經營智慧	360 元
212	客戶抱怨處理手冊(增訂二版)	360 元	245	企業危機應對實戰技巧	360 元
214	售後服務處理手冊（增訂三版）	360 元	246	行銷總監工作指引	360 元
215	行銷計劃書的撰寫與執行	360 元	247	行銷總監實戰案例	360 元
216	內部控制實務與案例	360 元	248	企業戰略執行手冊	360 元
217	透視財務分析內幕	360 元	249	大客戶搖錢樹	360 元
219	總經理如何管理公司	360 元	250	企業經營計劃〈增訂二版〉	360 元
222	確保新產品銷售成功	360 元	251	績效考核手冊	360 元
223	品牌成功關鍵步驟	360 元	252	營業管理實務（增訂二版）	360 元
224	客戶服務部門績效量化指標	360 元	253	銷售部門績效考核量化指標	360 元
226	商業網站成功密碼	360 元	254	員工招聘操作手冊	360 元
228	經營分析	360 元	255	總務部門重點工作（增訂二版）	360 元
229	產品經理手冊	360 元			
230	診斷改善你的企業	360 元	256	有效溝通技巧	360 元
231	經銷商管理手冊（增訂三版）	360 元	257	會議手冊	360 元
232	電子郵件成功技巧	360 元	258	如何處理員工離職問題	360 元
233	喬·吉拉德銷售成功術	360 元	259	提高工作效率	360 元
234	銷售通路管理實務〈增訂二版〉	360 元	260	贏在細節管理	360 元
			261	員工招聘性向測試方法	360 元

11	ISO 認證必備手冊	380 元
12	生產設備管理	380 元
13	品管員操作手冊	380 元
15	工廠設備維護手冊	380 元
16	品管圈活動指南	380 元
17	品管圈推動實務	380 元
20	如何推動提案制度	380 元
24	六西格瑪管理手冊	380 元
30	生產績效診斷與評估	380 元
32	如何藉助 IE 提升業績	380 元
35	目視管理案例大全	380 元
38	目視管理操作技巧(增訂二版)	380 元
40	商品管理流程控制(增訂二版)	380 元
42	物料管理控制實務	380 元
46	降低生產成本	380 元
47	物流配送績效管理	380 元
49	6S 管理必備手冊	380 元
50	品管部經理操作規範	380 元
51	透視流程改善技巧	380 元
55	企業標準化的創建與推動	380 元
56	精細化生產管理	380 元
57	品質管制手法〈增訂二版〉	380 元
58	如何改善生產績效〈增訂二版〉	380 元
60	工廠管理標準作業流程	380 元
62	採購管理工作細則	380 元
63	生產主管操作手冊(增訂四版)	380 元
64	生產現場管理實戰案例〈增訂二版〉	380 元
65	如何推動 5S 管理（增訂四版）	380 元

67	生產訂單管理步驟〈增訂二版〉	380 元
68	打造一流的生產作業廠區	380 元
70	如何控制不良品〈增訂二版〉	380 元
71	全面消除生產浪費	380 元
72	現場工程改善應用手冊	380 元
73	部門績效考核的量化管理（增訂四版）	380 元
74	採購管理實務〈增訂四版〉	380 元
75	生產計劃的規劃與執行	380 元
76	如何管理倉庫（增訂六版）	380 元

《醫學保健叢書》

1	9 週加強免疫能力	320 元
3	如何克服失眠	320 元
4	美麗肌膚有妙方	320 元
5	減肥瘦身一定成功	360 元
6	輕鬆懷孕手冊	360 元
7	育兒保健手冊	360 元
8	輕鬆坐月子	360 元
11	排毒養生方法	360 元
12	淨化血液　強化血管	360 元
13	排除體內毒素	360 元
14	排除便秘困擾	360 元
15	維生素保健全書	360 元
16	腎臟病患者的治療與保健	360 元
17	肝病患者的治療與保健	360 元
18	糖尿病患者的治療與保健	360 元
19	高血壓患者的治療與保健	360 元
22	給老爸老媽的保健全書	360 元

23	如何降低高血壓	360 元
24	如何治療糖尿病	360 元
25	如何降低膽固醇	360 元
26	人體器官使用說明書	360 元
27	這樣喝水最健康	360 元
28	輕鬆排毒方法	360 元
29	中醫養生手冊	360 元
30	孕婦手冊	360 元
31	育兒手冊	360 元
32	幾千年的中醫養生方法	360 元
33	免疫力提升全書	360 元
34	糖尿病治療全書	360 元
35	活到 120 歲的飲食方法	360 元
36	7 天克服便秘	360 元
37	為長壽做準備	360 元
38	生男生女有技巧〈增訂二版〉	360 元
39	拒絕三高有方法	360 元
40	一定要懷孕	360 元

《培訓叢書》

4	領導人才培訓遊戲	360 元
8	提升領導力培訓遊戲	360 元
11	培訓師的現場培訓技巧	360 元
12	培訓師的演講技巧	360 元
14	解決問題能力的培訓技巧	360 元
15	戶外培訓活動實施技巧	360 元
16	提升團隊精神的培訓遊戲	360 元
17	針對部門主管的培訓遊戲	360 元
18	培訓師手冊	360 元
19	企業培訓遊戲大全(增訂二版)	360 元

20	銷售部門培訓遊戲	360 元
21	培訓部門經理操作手冊（增訂三版）	360 元
22	企業培訓活動的破冰遊戲	360 元
23	培訓部門流程規範化管理	360 元

《傳銷叢書》

4	傳銷致富	360 元
5	傳銷培訓課程	360 元
7	快速建立傳銷團隊	360 元
10	頂尖傳銷術	360 元
11	傳銷話術的奧妙	360 元
12	現在輪到你成功	350 元
13	鑽石傳銷商培訓手冊	350 元
14	傳銷皇帝的激勵技巧	360 元
15	傳銷皇帝的溝通技巧	360 元
17	傳銷領袖	360 元
18	傳銷成功技巧（增訂四版）	360 元
19	傳銷分享會運作範例	360 元

《幼兒培育叢書》

1	如何培育傑出子女	360 元
2	培育財富子女	360 元
3	如何激發孩子的學習潛能	360 元
4	鼓勵孩子	360 元
5	別溺愛孩子	360 元
6	孩子考第一名	360 元
7	父母要如何與孩子溝通	360 元
8	父母要如何培養孩子的好習慣	360 元
9	父母要如何激發孩子學習潛能	360 元
10	如何讓孩子變得堅強自信	360 元

各書詳細內容資料，請見：www.bookstore99.com

《成功叢書》

1	猶太富翁經商智慧	360 元
2	致富鑽石法則	360 元
3	發現財富密碼	360 元

《企業傳記叢書》

1	零售巨人沃爾瑪	360 元
2	大型企業失敗啟示錄	360 元
3	企業併購始祖洛克菲勒	360 元
4	透視戴爾經營技巧	360 元
5	亞馬遜網路書店傳奇	360 元
6	動物智慧的企業競爭啟示	320 元
7	CEO 拯救企業	360 元
8	世界首富　宜家王國	360 元
9	航空巨人波音傳奇	360 元
10	傳媒併購大亨	360 元

《智慧叢書》

1	禪的智慧	360 元
2	生活禪	360 元
3	易經的智慧	360 元
4	禪的管理大智慧	360 元
5	改變命運的人生智慧	360 元
6	如何吸取中庸智慧	360 元
7	如何吸取老子智慧	360 元
8	如何吸取易經智慧	360 元
9	經濟大崩潰	360 元
10	有趣的生活經濟學	360 元
11	低調才是大智慧	360 元

《DIY 叢書》

1	居家節約竅門 DIY	360 元
2	愛護汽車 DIY	360 元
3	現代居家風水 DIY	360 元
4	居家收納整理 DIY	360 元
5	廚房竅門 DIY	360 元
6	家庭裝修 DIY	360 元
7	省油大作戰	360 元

《財務管理叢書》

1	如何編制部門年度預算	360 元
2	財務查帳技巧	360 元
3	財務經理手冊	360 元
4	財務診斷技巧	360 元
5	內部控制實務	360 元
6	財務管理制度化	360 元
8	財務部流程規範化管理	360 元
9	如何推動利潤中心制度	360 元

為方便讀者選購，本公司將一部分上述圖書又加以專門分類如下：

《企業制度叢書》

1	行銷管理制度化	360 元
2	財務管理制度化	360 元
3	人事管理制度化	360 元
4	總務管理制度化	360 元
5	生產管理制度化	360 元
6	企劃管理制度化	360 元

《主管叢書》

1	部門主管手冊	360 元
2	總經理行動手冊	360 元
4	生產主管操作手冊	380 元
5	店長操作手冊（增訂版）	360 元
6	財務經理手冊	360 元

7	人事經理操作手冊	360 元
8	行銷總監工作指引	360 元
9	行銷總監實戰案例	360 元

《總經理叢書》

1	總經理如何經營公司(增訂二版)	360 元
2	總經理如何管理公司	360 元
3	總經理如何領導成功團隊	360 元
4	總經理如何熟悉財務控制	360 元
5	總經理如何靈活調動資金	360 元

《人事管理叢書》

1	人事管理制度化	360 元
2	人事經理操作手冊	360 元
3	員工招聘技巧	360 元
4	員工績效考核技巧	360 元
5	職位分析與工作設計	360 元
7	總務部門重點工作	360 元
8	如何識別人才	360 元
9	人力資源部流程規範化管理（增訂三版）	360 元
10	員工招聘操作手冊	360 元
11	如何處理員工離職問題	360 元

《理財叢書》

1	巴菲特股票投資忠告	360 元
2	受益一生的投資理財	360 元
3	終身理財計劃	360 元
4	如何投資黃金	360 元
5	巴菲特投資必贏技巧	360 元
6	投資基金賺錢方法	360 元
7	索羅斯的基金投資必贏忠告	360 元
8	巴菲特為何投資比亞迪	360 元

《網路行銷叢書》

1	網路商店創業手冊〈增訂二版〉	360 元
2	網路商店管理手冊	360 元
3	網路行銷技巧	360 元
4	商業網站成功密碼	360 元
5	電子郵件成功技巧	360 元
6	搜索引擎行銷	360 元

《企業計劃叢書》

1	企業經營計劃〈增訂二版〉	360 元
2	各部門年度計劃工作	360 元
3	各部門編制預算工作	360 元
4	經營分析	360 元
5	企業戰略執行手冊	360 元

《經濟叢書》

1	經濟大崩潰	360 元
2	石油戰爭揭秘(即將出版)	

使用培訓、提升企業競爭力是萬無一失、事半功倍的方法。其效果更具有超大的「投資報酬力」！

好消息

最 暢 銷 的 商 店 叢 書

名稱	特價	名稱	特價
4 餐飲業操作手冊	390 元	35 商店標準操作流程	360 元
5 店員販賣技巧	360 元	36 商店導購口才專業培訓	360 元
10 賣場管理	360 元	37 速食店操作手冊〈增訂二版〉	360 元
12 餐飲業標準化手冊	360 元	38 網路商店創業手冊〈增訂二版〉	360 元
13 服飾店經營技巧	360 元	39 店長操作手冊（增訂四版）	360 元
18 店員推銷技巧	360 元	40 商店診斷實務	360 元
19 小本開店術	360 元	41 店鋪商品管理手冊	360 元
20 365 天賣場節慶促銷	360 元	42 店員操作手冊（增訂三版）	360 元
29 店員工作規範	360 元	43 如何撰寫連鎖業營運手冊〈增訂二版〉	360 元
30 特許連鎖業經營技巧	360 元	44 店長如何提升業績〈增訂二版〉	360 元
32 連鎖店操作手冊（增訂三版）	360 元	45 向肯德基學習連鎖經營〈增訂二版〉	360 元
33 開店創業手冊〈增訂二版〉	360 元	46 連鎖店督導師手冊	360 元
34 如何開創連鎖體系〈增訂二版〉	360 元	47 賣場如何經營會員制俱樂部	360 元

上述各書均有在書店陳列販賣，若書店賣完而來不及由庫存書補充上架，請讀者直接向店員詢問、購買，最快速、方便！**購買方法如下：**

銀行名稱：合作金庫銀行 敦南分行(代碼：006)

帳號：**5034-717-347-447**

公司名稱：憲業企管顧問有限公司

郵局劃撥帳號：18410591

使用培訓、提升企業競爭力是萬無一失、事半功倍的方法。其效果更具有超大的「投資報酬力」！

好消息

最 暢 銷 的 工 廠 叢 書

名稱	特價	名稱	特價
5 品質管理標準流程	380 元	50 品管部經理操作規範	380 元
9 ISO 9000 管理實戰案例	380 元	51 透視流程改善技巧	380 元
10 生產管理制度化	360 元	55 企業標準化的創建與推動	380 元
11 ISO 認證必備手冊	380 元	56 精細化生產管理	380 元
12 生產設備管理	380 元	57 品質管制手法〈增訂二版〉	380 元
13 品管員操作手冊	380 元	58 如何改善生產績效〈增訂二版〉	380 元
15 工廠設備維護手冊	380 元	60 工廠管理標準作業流程	380 元
16 品管圈活動指南	380 元	62 採購管理工作細則	380 元
17 品管圈推動實務	380 元	63 生產主管操作手冊（增訂四版）	380 元
20 如何推動提案制度	380 元	64 生產現場管理實戰案例〈增訂二版〉	380 元
24 六西格瑪管理手冊	380 元	65 如何推動 5S 管理（增訂四版）	380 元
30 生產績效診斷與評估	380 元	67 生產訂單管理步驟〈增訂二版〉	380 元
32 如何藉助 IE 提升業績	380 元	68 打造一流的生產作業廠區	380 元
35 目視管理案例大全	380 元	70 如何控制不良品〈增訂二版〉	380 元
38 目視管理操作技巧（增訂二版）	380 元	71 全面消除生產浪費	380 元
40 商品管理流程控制（增訂二版）	380 元	72 現場工程改善應用手冊	380 元
42 物料管理控制實務	380 元	73 部門績效考核的量化管理（增訂四版）	380 元
46 降低生產成本	380 元	74 採購管理實務〈增訂四版〉	380 元
47 物流配送績效管理	380 元	75 生產計劃的規劃與執行	380 元
49 6S 管理必備手冊	380 元	76 如何管理倉庫（增訂六版）	380 元

上述各書均有在書店陳列販賣，若書店賣完而來不及由庫存書補充上架，請讀者直接向店員詢問、購買，最快速、方便！購買方法如下：

銀行名稱：合作金庫銀行 敦南分行(代碼：006)

帳號：5034-717-347-447

公司名稱：憲業企管顧問有限公司

郵局劃撥帳號：18410591

使用培訓、提升企業競爭力是萬無一失、事半功倍的方法。其效果更具有超大的「投資報酬力」！

好消息

最 暢 銷 的 培 訓 叢 書

名稱	特價	名稱	特價
4 領導人才培訓遊戲	360 元	17 針對部門主管的培訓遊戲	360 元
8 提升領導力培訓遊戲	360 元	18 培訓師手冊	360 元
11 培訓師的現場培訓技巧	360 元	19 企業培訓遊戲大全（增訂二版）	360 元
12 培訓師的演講技巧	360 元	20 銷售部門培訓遊戲	360 元
14 解決問題能力的培訓技巧	360 元	21 培訓部門經理操作手冊（增訂三版）	360 元
15 戶外培訓活動實施技巧	360 元	22 企業培訓活動的破冰遊戲	360 元
16 提升團隊精神的培訓遊戲	360 元	23 培訓部門流程規範化管理	360 元

上述各書均有在書店陳列販賣，若書店賣完而來不及由庫存書補充上架，請讀者直接向店員詢問、購買，最快速、方便！購買方法如下：

銀行名稱：合作金庫銀行 敦南分行（代碼：006）

帳號：5034-717-347-447

公司名稱：憲業企管顧問有限公司

郵局劃撥帳號：18410591

使用培訓、提升企業競爭力是萬無一
失、事半功倍的方法。其效果更具有超大的
「投資報酬力」！

好消息

最 暢 銷 的 傳 銷 叢 書

名稱	特價	名稱	特價
4 傳銷致富	360 元	13 鑽石傳銷商培訓手冊	350 元
5 傳銷培訓課程	360 元	14 傳銷皇帝的激勵技巧	360 元
7 快速建立傳銷團隊	360 元	15 傳銷皇帝的溝通技巧	360 元
10 頂尖傳銷術	360 元	17 傳銷領袖	360 元
11 傳銷話術的奧妙	360 元	18 傳銷成功技巧（增訂四版）	360 元
12 現在輪到你成功	350 元	19 傳銷分享會運作範例	360 元

上述各書均有在書店陳列販賣，若書店賣完而來不及由
庫存書補充上架，請讀者直接向店員詢問、購買，最快速、
方便！購買方法如下：

銀行名稱：合作金庫銀行 敦南分行(代碼：006)

帳號：5034-717-347-447

公司名稱：憲業企管顧問有限公司

郵局劃撥帳號：18410591

使用培訓、提升企業競爭力是萬無一
失、事半功倍的方法。其效果更具有超大的
「投資報酬力」！

最 暢 銷 的 醫 學 保 健 叢 書

名稱	特價	名稱	特價
1 9 週加強免疫能力	320 元	24 如何治療糖尿病	360 元
3 如何克服失眠	320 元	25 如何降低膽固醇	360 元
4 美麗肌膚有妙方	320 元	26 人體器官使用說明書	360 元
5 減肥瘦身一定成功	360 元	27 這樣喝水最健康	360 元
6 輕鬆懷孕手冊	360 元	28 輕鬆排毒方法	360 元
7 育兒保健手冊	360 元	29 中醫養生手冊	360 元
8 輕鬆坐月子	360 元	30 孕婦手冊	360 元
11 排毒養生方法	360 元	31 育兒手冊	360 元
12 淨化血液　強化血管	360 元	32 幾千年的中醫養生方法	360 元
13 排除體內毒素	360 元	33 免疫力提升全書	360 元
14 排除便秘困擾	360 元	34 糖尿病治療全書	360 元
15 維生素保健全書	360 元	35 活到 120 歲的飲食方法	360 元
16 腎臟病患者的治療與保健	360 元	367 天克服便秘	360 元
17 肝病患者的治療與保健	360 元	37 為長壽做準備	360 元
18 糖尿病患者的治療與保健	360 元	38 生男生女有技巧〈增訂二版〉	360 元
19 高血壓患者的治療與保健	360 元	39 拒絕三高有方法	360 元
22 給老爸老媽的保健全書	360 元	40 一定要懷孕	360 元
23 如何降低高血壓	360 元		

上述各書均有在書店陳列販賣，若書店賣完而來不及由庫存書補充上架，請讀者

直接向店員詢問、購買，最快速、方便！購買方法如下：

銀行名稱：合作金庫銀行 敦南分行(代碼：006)

帳號：5034-717-347-447

公司名稱：憲業企管顧問有限公司

郵局劃撥帳號：18410591

如何藉助流程改善，

提升企業績效？

敬請參考下列各書，內容保證精彩：
- ・ 透視流程改善技巧（380 元）
- ・ 工廠管理標準作業流程（380 元）
- ・ 商品管理流程控制（380 元）
- ・ 如何改善企業組織績效（360 元）
- ・ 診斷改善你的企業（360 元）

　　上述各書均有在書店陳列販賣，若書店賣完而來不及由庫存書補充上架，請讀者直接向店員詢問、購買，最快速、方便！購買方法如下：

銀行名稱：合作金庫銀行　敦南分行(代碼：006)

帳號：5034-717-347-447

公司名稱：憲業企管顧問有限公司

郵局劃撥帳號：18410591

建立企業圖書館

當市場競爭激烈時：

培訓員工，強化員工競爭力是企業最佳對策

「人才」是企業最大的財富。如何提升人才，是企業永續經營、戰勝對手的核心競爭力。積極培訓公司內部員工，是經濟不景氣時期的最佳戰略，而最快速的具體作法，就是「**建立企業內部圖書館，鼓勵員工多閱讀、多進修專業書藉**」

建議您：請一次購足本公司所出版各種經營管理類圖書，作為貴公司內部員工培訓圖書。使用率高的（例如「贏在細節管理」），準備 3 本；使用率低的（例如「工廠設備維護手冊」），只買 1 本。

經營顧問叢書 ⑱   售價：360 元

時間管理手冊

西元二〇一二年二月   初版一刷

編輯指導：黃憲仁

編著：劉翔飛

策劃：麥可國際出版有限公司（新加坡）

編輯：蕭玲

校對：劉飛娟

發行人：黃憲仁

發行所：憲業企管顧問有限公司

電話：（02）2762-2241　　（03）9310960　　0930872873

臺北聯絡處：臺北郵政信箱第 36 之 1100 號

銀行 ATM 轉帳：合作金庫銀行　　帳號：5034-717-347447

郵政劃撥：18410591　　憲業企管顧問有限公司

江祖平律師顧問：紙品書、數位書著作權與版權均歸本公司所有

登記證：行政業新聞局版台業字第 6380 號

　　本公司徵求海外版權出版代理商（0930872873）

本圖書是由憲業企管顧問(集團)公司所出版，以專業立場，為企業界提供最專業的各種經營管理類圖書。

圖書編號 ISBN：978-986-6084-42-3